発達障害の子どもの
「できる」を増やす

提案・交渉型アプローチ

はじめに

　勉強においても人間関係においても、つまずくような経験を何度も何度も繰り返すと、大抵の人はだんだん自信を失って、落ち込んで、行き詰まってしまうのではないかと思います。大人にとっても、それはとてもキツイ体験です。ましてや発達途上の子どもにとって、それは大問題です。取り組むべきさまざまな課題を目の前にして、努力するどころか、取りかかることすらできず、最初からあきらめてしまっているような子どもは、昨今、決して少なくないのです。

　そんな子どもに対して、私たちはどう対応しているでしょう。よく見かけるのが、理由も聞かずに一方的に叱る、「甘やかすもんか」と厳しい態度で接する、「頑張れ！」とやたらに叱咤激励する、「お小遣いなし！」と脅す、ときにはごほうびをちらつかせるなどなど。

　大人たちの必死の努力も虚しく、子どもたちは笛吹けど踊らず。打つ手がなくなると、子どもが何もしない状況を認めざるを得なくなり、結局、譲歩を繰り返してしまっているのではないでしょうか。

　前述したような対応では、子どもに自主性は育ちません。また、子どもが自発的に動くことも妨げてしまいます。何もしなくてすんだ子どもたちはどうでしょう。一見すると、子どもにとっては大勝利のようですが、実は違います。

　できないまま終わる課題が繰り返されるサイクルの中で、子どもはさらに自信をなくしていくのです。ストレスもたまっていきます。そして、自分を大切に思う気持ちである「自尊感情」もどんどん低下してしまうのです。

　そんな、「行き詰まり感」の強い「あきらめてしまっている」子どもの可能性を高めるのが、**「叱らないが、譲らない」提案・交渉型アプローチ**です。**「叱らないが、譲らない」提案・交渉型アプローチ**とは、子どもが「無理」「できない」「どうしていいか分からない」と立ち往生したときに、子ども

の**気持ちに寄り添いながら**、問題解決に向けたいくつかの方法を**「提案」**し、子どもと**「交渉」**する中で、子どもが**自主的・主体的に「選択」**できるように指導・支援する方法です。

　このアプローチの中では、子どもを一方的に叱ることは絶対にありません。でも、その代わり子どもに一方的に譲ってしまうこともありません。提案・交渉する間は、主体は教師や保護者といった大人たちにありますが、自己選択・自己決定するのは子どもであり、そのとき、主体は子どもにあるのです。この自己選択・自己決定によって課題に取り組み、その結果として「できた」「分かった」という体験を積み重ねていくことは、子どもの自尊感情や自己効力感などの内面を育てていくうえで非常に効果的です。

　このアプローチで重要なポイントのひとつは、子どもの心の中にあって、うまく言語化できない本当の気持ちを引き出すことです。そのためには、普段から子どもの言動に耳や目を傾け、共感し、受容する関係が成立していなければなりません。また、交渉の中でも、子どもの反応を注意深く受け止め、子どもの気持ちを拾い上げる感性や技術が必要となってきます。これも、このアプローチを成立させるための大切なポイントのひとつなのです。

　本書においては、この**「叱らないが、譲らない」提案・交渉型アプローチ**について理論的に解説します。また、その活用例を紹介します。障害による学習上または生活上の困難があり、二次的に心身症や行動上の問題、適応の問題を抱える子どもたちの事例をあげて、学校などの現場でかかわっている人がそれぞれ具体的に論じています。

　しかし、本書で述べる内容は、決して障害や病気のある子どもたちに限られた問題ではないと私は考えています。障害のあるなしにかかわらず、すべての子どもたちが、自ら学び、生き生きと生活していくために、必要なことなのではないかと思うのです。

　子どもたちのために、私たちが何を為すべきか、今一度立ち止まって考えてみませんか。子どもたちの養育、教育にかかわる多くの方々に、本書を一読していただけたら幸いです。

発達障害の子どもの
「できる」を増やす
提案・交渉型アプローチ

目次

はじめに　　　　　　　　　　　　　　　　　　　　　　　　2

第1章
提案・交渉型アプローチとは

I　発達障害の二次障害と合理的配慮
1. 発達障害だと二次障害は起こるのか？　　　　　　　　8
2. 合理的配慮の提供〜「平等な対応」から「公平な対応」へ
　　　　　　　　　　　　　　　　　　　　　　　　　　9
3. 合理的配慮の決定過程　　　　　　　　　　　　　　12

II　子どもへのかかわり方
1. よく目にする3つのアプローチ　　　　　　　　　　13
2. よいかかわり方に共通して見られる2つの因子　　　15

III　提案・交渉型アプローチを成立させるためのポイント
1. 子どもの行き詰まり感を理解し、共感する　　　　　17
2. 子どもの心の中にあって、うまく言語化できない
　　本当の気持ちや考えを引き出すこと　　　　　　　　18
3. 学習内容や活動内容を分析する　　　　　　　　　　18
4. 提案・交渉を進めるのは教師や保護者。
　　でも、選択と決定権は子どもにあり　　　　　　　　19
5. 選択・決定のあとのサポート　　　　　　　　　　　20

Ⅳ　ストレス対処過程と提案・交渉型アプローチ
　1．発達障害のある子どもが抱えるストレス　　　　　　22
　2．子どものストレスと不適応のアセスメント　　　　　23
　3．心理社会的な適応／不適応状態を
　　　包括的に評価するアセスメント　　　　　　　　　　24
　4．ストレス対処過程から見た提案・交渉型アプローチ　26
　5．ストレッサーに対してあきらめる状態（不快状態）が
　　　続くことはとても危険　　　　　　　　　　　　　　28
　6．ストレスマネージメントの力を育てる
　　　提案・交渉型アプローチ　　　　　　　　　　　　　29

第2章
事例でわかる提案・交渉のプロセス

事例1	集団活動に参加することを拒否するA君	36
事例2	学校で話せるようになった場面かん黙のBさん	48
事例3	「分かっているけどできない」という葛藤を抱えるC君	60
事例4	すべての学習活動に参加できるようになったDさん	70
事例5	登校しぶり・学習意欲の低下が改善されたLDのEさん	82

事例6　ひとりでバスに乗れた
　　　　アスペルガー症候群のFさん　　　　　90

事例7　相談する力と自分で解決する方法を
　　　　身につけたGさん　　　　　　　　　102

事例8　負の感情が整理できず自分の殻に
　　　　閉じこもるHさん　　　　　　　　　116

事例9　6年間のひきこもり生活を克服して
　　　　進学したJ君　　　　　　　　　　　130

第3章 提案・交渉を行う際のQ＆A

1. 提案・交渉のテーブルに着くことが困難な場合　146
2. 自己選択・自己決定したにもかかわらず
   投げ出してしまう場合　　　　　　　　　151
3. 教育活動に参加できない場合　　　　　　156
4. 選択肢のメリット・デメリットを伝える効果　159
5. 提案・交渉する教師の心構え　　　　　　161

　　おわりに　　　　　　　　　　　　　　164
　　編著者プロフィール／分担執筆者・協力者一覧　166

第1章
提案・交渉型
アプローチとは

子どもの
思い

合意

大人の
思い

提案・交渉

I 発達障害の二次障害と合理的配慮

1. 発達障害だと二次障害は起こるのか？

　発達障害が特別支援教育の対象となり、特別支援学校の児童生徒数は著しく増加しています。そして、それに伴ってさまざまな教育上の課題が浮き彫りになってきています。そのような課題のひとつに、発達障害の二次障害の問題があります。

　数年前、発達障害のある生徒が多数入学する知的障害特別支援学校の高等部から依頼があり、生徒の適応状況を調査することになりました。通常の中学校から進学してきた生徒15名を対象として、アッケンバックの評価システム（後述）と子ども用トラウマ症状チェックリスト（TSCC）を実施しました。

　アセスメントの結果、生徒について教師が回答したチェックリスト（TRF）では、15名全員の下位尺度、内向尺度、外向尺度のいずれかの評価に「臨床域」が認められました。また、15名全員がトラウマすなわち心的外傷を抱え、そのうち7名にはPTSD（心的外傷後ストレス障害）の状態が見られました。そして、生徒や担当者たちからの聞き取りから、生徒たちのほとんどが、小中学校時代に何らかのいじめを受けていたことが明らかになったのでした。

　さて、私は、2011年11月に独立行政法人教員研修センターの指導者海外派遣プログラムで、シニアアドバイザーとして、オーストラリア・ニューサウスウェールズ州の幼稚園、小学校、中学校、高等学校、教育センター、特別支援学校などを視察する機会を得ました。目的は、発達障害のある生徒の不登校などの二次障害について調べることでした。幼

稚園、小学校、中学校、高等学校を各2校ずつ訪問しましたが、どこに行っても発達障害の二次障害を教育上の問題として取り上げている学校はありませんでした。一体どうしてなのでしょうか。実は、ニューサウスウェールズ州では、発達障害の二次障害の問題に対して、早期に対応するためのシステムの構築が、1993年からすでに始まっていたのです。

多くの二次障害は、合理的配慮や適切な教育的対応が行われれば、予防することができるのです。発達障害の二次障害の問題が、教育的環境の問題であることを痛感させられた視察でした。発達障害があるから、すなわち不登校になる、攻撃性が強まり反抗挑戦性障害になる、などといった方程式は存在しないのです。環境を整えていくことで、問題を防止できる可能性は高いものと考えます。

2. 合理的配慮の提供〜「平等な対応」から「公平な対応」へ

障害者の権利に関する条約「第二十四条 教育」においては、教育についての障害者の権利を認め、この権利を差別なしに、かつ、機会の均等を基礎として実現するため、障害者を包容する教育制度（inclusive education system）などを確保することとし、その権利の実現にあたり、確保するもののひとつとして、「個人に必要とされる合理的配慮が提供されること」を位置づけています。

また、同条約の「第二条 定義」においては、「合理的配慮」とは、「障害者が他の者との平等を基礎として全ての人権及び基本的自由を享有し、又は行使することを確保するための必要かつ適当な変更及び調整であって、特定の場合において必要とされるものであり、かつ、均衡を失した又は過度の負担を課さないものをいう」と定義されています。

合理的配慮を説明する有名な図があります（図1・10ページ）。野球を観戦するにあたり、図1における左側の図は、平等な対応（EQUALITY）です。これでは、背の低い右側の子どもは野球の試合を見ることができ

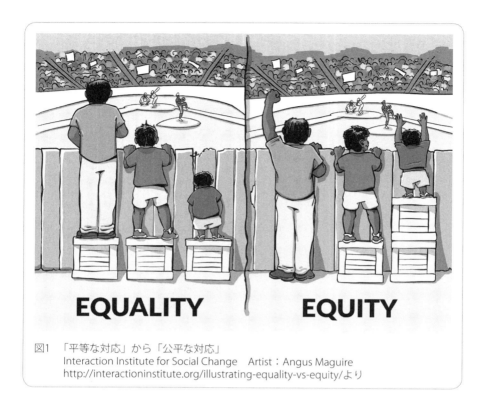

図1 「平等な対応」から「公平な対応」
Interaction Institute for Social Change　Artist：Angus Maguire
http://interactioninstitute.org/illustrating-equality-vs-equity/より

ません。それに対して、右側の図は公平な対応（EQUITY）です。野球観戦をするために、背の高い子どもに台は不要で、真ん中の子どもには台が1つ、右側の子どもには2つ必要です。この台こそが合理的配慮です。そして、この台の高さを話し合いにより決定していくことが、重要なのです。合理的配慮の例を以下に示します。

● 1日のスケジュールなどの「見通し」をもつことが困難な場合
・1日の時間割などのスケジュールや、授業の進行過程を事前に具体的に伝える。
・作業の手順や活動を箇条書きする、または図で示しながら視覚的に提示する、など。

●読みに困難さがある場合
・テストの際に課題文を読み上げる、必要に応じて漢字にルビ（ふりがな）を振る、など。

●書きに困難さがある場合
・ノートの代わりにタブレットでの文字打ちを認める。
・板書をタブレットなどで写真に撮る。
・板書の内容の一部だけを記入できるように、事前にワークシートを作って配布する。
・加重負担にならないようノートに書く量を調整する、など。

●指示の理解に困難さがある場合
・写真や絵などを活用し、視覚的に理解しやすいよう支援をする、など。

●集中することが困難な場合
・一斉授業だけではなく、作業、発表、グループワークなど多様で、能動的に参加できる活動を取り入れる。
・いつまで集中すべきかを「○時まで」「○○が終わるまで」など明確に伝える。
・集中できないときは、落ち着くためのツール（カード、写真、おまじないなど）を事前に教師と一緒に考えておく、など。

●怒りのコントロールが困難な場合
・クールダウンのスペースを確保する。
・イライラしたときの対応方法を共に確認する、など。

3. 合理的配慮の決定過程

　合理的配慮とは、reasonable accommodationの訳語です。reasonableは「合理的」と翻訳していますが、「理にかなっている、正当な、公平な、適当な、ほどよい」という意味があります。また、accommodationは、「配慮」と訳されていますが、「便宜」という意味があります。竹田（2013）は、reasonable accommodationとは、「公平でほどよい便宜を図るということ」であると解釈すると、分かりやすいのではないかと述べています。

　合理的配慮は基本的に、それに関する支援内容やバリアフリーなどの情報公開、機会の確保、教育方法、支援体制・施設・設備などを含みます。また、ひとりひとりの障害の状態など個別性が高いので、決定過程を重視しなければなりません。本人や保護者の意思を尊重し、相互の話し合いにより決定していくことが求められます。すなわち、学校と子ども・保護者との話し合いの過程が重要であり、場合によっては学校側が提案し、交渉しながら合意を形成していくことが望ましいです。

　障害による「不当な差別的取り扱い」と「合理的配慮の不提供」は差別とみなされ、障害者差別解消法によって禁止されています。

　合理的配慮が適切に行われるような環境を整えることは、発達障害のある子どもが二次障害に陥ることを防ぐことにもつながるのです。

II 子どもへのかかわり方

1. よく目にする3つのアプローチ

　合理的配慮の内容が決定され実施される段階で、非常に重要となってくるのが、実際に子どもに接する養育者や教育者の対応の仕方です。個々の対応の仕方は、合理的配慮の内容として文章化されたり項目立てされたりすることはありませんが、子どもに与える影響因としては計り知れない重要性をもっているのです。

　子どもに対する養育者や教育者のアプローチの仕方はさまざまです。氏家・高濱（2011）の子どもの自己主張に対する母親の対応についての分析結果を参考に、学校や家庭で比較的よく目にする対応の仕方を3つ、以下に紹介します。

＜　権威的な対応　＞
・腹が立って本気で怒ってしまう。
・子どもが折れるまで、はじめの要求を押し通す。
・子どもの主張を無視し、親や教師の思いどおりにさせようとする。

＜　力による統制　＞
・言うことを聞かせるためにごほうびをちらつかせる。
・言うことを聞かせるために体罰を加える。
・言うことを聞かせるために脅しを用いる。
・外に出したり、別室に閉じこめたりする。

＜　子ども追従型　＞
・一度、言い出したら聞かないので放っておく。
・自分が折れて、子どもの言いなりになってしまう。
・困惑してどうしてよいか分からなくなる。

　「叱る」とは、強くとがめること、「怒る」とは、腹を立てること。すなわち、怒りなどの感情をただひたすら相手にぶつけることです。自分の言うことを聞かない相手に対して、腹立たしい気持ちになるのです。それに対して、「注意」とは、傍らから気をつけるように言うこと、すなわち、事の善悪を相手にしっかりと教えることです。
　叱ること（罰）の副作用として、罰を与える人に反発心や抵抗心をもってしまう、罰を与える人との人間関係が悪くなる、何をしたらよいか、罰だけでは分からないなどがあげられます。叱ること（罰）は効果的な方法ではありません。あくまで本人が理解できる形で注意をすることをお勧めします。
　とくに、発達障害のある子どもたちの中には、理解できないまま強く否定されたり叱られたりすると、パニックを起こしてしまう場合が、決して少なくありません。パニックを起こした結果、半日何もできない状況になったとすれば、結局はほとんど子どもに譲ってしまったも同然でしょう。そして、そのようなことがたびたび繰り返されると、発達障害があり、対人関係につまずいたり学習に困難を抱えたりして、行き詰まり感の強い子どもの場合、不登校などの二次障害に陥ることも少なくありません。
　また、最初から子どもに譲ってしまうような対応の仕方も問題です。子どもが自分のもつ問題と向き合うことができないので、子どもの学習や活動、そればかりか成長さえ妨げてしまうことにもつながりかねません。
　それでは、子どもにとって望ましいかかわり方とは、どのようなものなのでしょうか。

2. よいかかわり方に共通して見られる2つの因子

氏家・高濱（2011）の研究成果を見ると、子どもに対する望ましいかかわり方から、以下の2つの因子が抽出されています。

＜　交渉・取引　＞
・子どもに受け入れられるような妥協案を考え提案する。
・子どもの考えや反抗の理由を聞き、それを理解し交渉・取引をする。
・基本的には子どもの思いどおりにさせるが、やり方などに条件をつける。
・子どもが納得できるように言い方をいろいろと変えて説得を試みる。

＜　子どもの立場考慮　＞
・危険でなく他人に迷惑をかけないものであれば、子どもの主張を尊重し思いどおりにさせる。

　この「交渉・取引」と「子どもの立場考慮」という2つの因子は、子どもの主体性を育むことができるものといえます。交渉し、取り引きし、自己選択・自己決定した結果に対して、子どもにはそれなりの責任感が芽生えます。また、その結果に対して手応えをつかめるようになると、次第に自尊感情や自己効力感が育ちます。
　学習や対人関係に「行き詰まり」感の強い子どもに対して、教師がいくつかの選択肢を提案し、交渉していく過程で、子どもが自己選択・自己決定し、「できる」「分かる」という体験を積み重ねさせることは、子どもの内面を育てていくうえで非常に大切です。このようなアプローチを、「提案・交渉型アプローチ」といいます。
　次に、提案・交渉型アプローチについて、説明していきます。

叱る、譲る、放っておく→できないままが繰り返される

提案して交渉する→自己決定・自己選択でできるようになる

III 提案・交渉型アプローチを成立させるためのポイント

1. 子どもの行き詰まり感を理解し、共感する

　提案・交渉型アプローチとは、子どもが「無理」「絶対にできない」「もうどうしていいか分からない」などと立ち往生したときに、子どもの気持ちに寄り添いながら、問題解決に向けたいくつかの方法を「提案」し、子どもと「交渉」する中で、子どもが自主的・主体的に、解決に向けた行動を「選択」できるように指導・支援する方法です。

　人は誰でも、生きていく過程で「つまずき」を経験します。「つまずく」とは、広辞苑によると「途中で障害が起こって予定どおりゆかない」「中途で失敗する」ことです。発達障害のある子どもは対人関係の問題や多動、不注意などの問題を抱え、「つまずく」ことを数多く体験してきています。そしてその結果、行き詰まってしまい、さまざまな活動に参加できなくなってしまっていることがあります。

　子どもが参加を「嫌がる」「拒む」ときには、その子どもなりの背景や理由があるのです。ですから、「わがまま」「どうしてやらないの？」などと、頭ごなしに叱ってはダメです。参加できずに尻込みしてしまう子どもたちの行き詰まり感を理解し、その気持ちに共感する態度こそが大切です。その理解と共感が提案・交渉型アプローチを始めるうえで必要不可欠なことなのです。「理解してもらえている」「共感してもらえた」と子どもが感じられなかったら、そんな人間を子どもたちは信頼することなどできません。理解と共感は信頼関係構築の基盤です。信頼関係のないところに、提案・交渉型アプローチは成立しません。

2. 子どもの心の中にあって、うまく言語化できない本当の気持ちや考えを引き出すこと

「あなたはなぜ参加できないの？」と子どもに直接質問したとしても、おそらく適切な言葉で答えられないことが、ほとんどだと思います。なぜなのか、その理由は子どもたちにもはっきりとは分からないからです。

もちろん、何らかの返答があることもあるでしょうが、その言葉が子どもの心の中にある本当の気持ちを表現できているとは限らないのです。自分の心の中にある気持ちに気づいて、適切な言葉で表現し、相手に伝えることができるような子どもは、行き詰まらずにすむからです。子どもの日常をよく観察し、何気ない言動にも気を配るべきです。そして、共感的、受容的に子どもの気持ちを推測しましょう。

3. 学習内容や活動内容を分析する

子どもが、行き詰まって立ち往生しているときは、その対象となっている学習内容や活動を分析してみましょう。その中で、子どもができそうなことや部分がひとつでもないか考えてみましょう。

それは同時に、活動内容の中でその子どもが行き詰まり、引っかかってしまっている原因を推測することでもあります。また、言語化できない子どもの本当の気持ちに気づかせてあげるための作業でもあります。

例えば、音楽の授業は、さまざまな学習活動で構成されています。歌唱はそのひとつですが、歌唱活動だけ取り上げても、いろいろな参加の仕方が考えられます。ひとりでは歌えなくても、みんなと一緒なら歌えるかもしれません。歌詞が出なくても、ハミングでそっと歌えるかもしれません。音程がとれなくても、リズムをとることができるかもしれません。ほかの生徒と一緒に合唱はできなくても、それを聞くことはできるかもしれません。Aさんの隣はダメだけど、Bさんの隣ならやれるか

もしれません。体育の時間も同様です。苦手な鉄棒は参加できなくても、マット運動ならば少しは参加できるかもしれません。

このような分析と推測から、提案・交渉型アプローチは始まります。

発達障害で二次障害のある子どもの多くに、物事に対する評価が0か100かと極端で、二分化しやすい傾向が見られます。ひとつうまくいかないことがあると、すべてダメだと思ってしまう認知や思考の偏り・固さが見られることも多いのです。このような子どもたちに、物事のさまざまな捉え方や対処行動のバリエーションを示すことは、大変大事なことなのです。

こうした意味からも、提案・交渉型アプローチは、とても有効な方法であるといえるでしょう。こうした子どもにもっと柔軟な思考を育むためにも、その子ができそうな、その子なりの参加の在り方について、できるだけ柔軟に考えてあげることが大切なのです。

4. 提案・交渉を進めるのは教師や保護者。でも、選択と決定権は子どもにあり

いくつかの選択肢を提案し、「これならどう？」と交渉を進めるときは、主体は教師や保護者にあります。しかし、いくつかの選択肢の中からすべきことを選択し、決定するときには、主体は子どもにあるのです。

提案・交渉するときに、気をつけなければならないことは、教師や保護者が子どもにやらせたいことだけを勝手に提案してはならないことです。子どもにやらせたい課題を大人の思いだけで提案していくことは提案・交渉型アプローチとはいえません。ここでも、子どもの思いや思考に寄り添うことがポイントとなります。

しかし、それは子どもの言いなりになるということとは、全く別物です。何のための提案・交渉なのかという目的を、子どもが見失うことがないよう導かなければなりません。

また、交渉の中でも、子どもの反応を注意深く受け止め、子どもの気

持ちを拾い上げることが大切です。

　発達障害のある子どもたちに対しては、聴覚情報よりも視覚情報が有効な場合が多いといわれています。ですから、このアプローチにおいても、選択肢の内容を視覚化することが有効です。文字や図、絵などを用いることで、目に見える形でどのように問題に対処していくかを考えさせ、客観視させることができます。

　また、自分の選択によって生じることが予想される結果についても、メリット・デメリットの両面から、あらかじめ伝えておきましょう。発達障害のある子どもは、行動とその結果を経験から学びにくく、次に起きることの見通しがもてないことが多いとされています。このアプローチによって、子どもたちはある程度の見通しをもって、選択することができるようになります。

　そのような提案・交渉の過程を経て、子どもたちが選択したことは、尊重されるべきであることはいうまでもありません。その選択に、提案した大人側としては納得のいかないこともあるかもしれません。しかし、その後の子どもの変容や成長について見通しを立てながら、焦ることなく見守ることが大切です。

5.　選択・決定のあとのサポート

　選択した内容の実施については、子どもにある程度の責任をもたせなければなりません。そうすることで子どもに責任感を育むことは、とても大切な指導です。

　ただし、決定事項を絶対として、責任のすべてを子どもだけに丸投げするような指導は、およそ教育的とはいえません。

　決定事項が、うまくできないことはあるはずです。必要があれば、再度、提案・交渉の機会を用意します。

　子どもが自分で選択し決定した内容であっても、周囲のサポートがな

ければ、なかなかうまくできないこともたくさんあるでしょう。できれば、子どもたちには自己選択・自己決定した内容を全うし、成功感を味わってほしいものです。その繰り返しの中で、自尊感情や意欲などの内面が育っていくからです。
　そのためには、子どもたちが「安心」して生活できる環境と、自分を支えてくれる教師や親との「関係性」の高まり、互いに「信頼」し合うことが、欠かせない要素となってくるのです。
　次に、ストレス対処の問題から、このことの重要性を説明したいと思います。

Ⅳ ストレス対処過程と提案・交渉型アプローチ

1. 発達障害のある子どもが抱えるストレス

　発達障害のある子どもは、多動であることや対人関係がうまくいかないなどの特性から集団生活の中で「生きにくさ」を経験することが多くあります。また、認知面においても偏った特性をもつことが多く、そのために集団指導の中にあっては、授業への参加や学習内容の理解に困難さを抱えてしまうことが少なくありません。学習内容をうまく理解できないことが続けば、学習への意欲を失ってしまいますし、同時に自尊感情も低下してしまいます。認知特性に配慮することのない学習指導は、発達障害のある子どもへの無理解の表れであるともいえます。対人関係や学習の問題などを抱える発達障害のある子どもたちの多くは、このように非常にストレスフルな状況下にあるといえるのです。

　発達障害の領域では、二次障害は発達障害特性と周囲の人との関係性の中で生じる心身症や行動・精神面の合併症を意味することが多いといわれています。宮本（2008）は、精神医学的には、発達障害領域における二次障害の中心は、ストレッサーに反応して生じるストレス関連性障害（急性ストレス反応、適応障害、心的外傷後ストレス障害など）であると述べています。

　身体症状として現れる場合は、頭痛、めまい、チック、過換気症候群、過敏性腸症候群、円形脱毛症などがあげられます。

　精神面の問題としては、不安障害、適応障害、強迫性障害などがあげられます。

　行動上の問題は、反社会的行動と非社会的行動に分類できます。反社

会的行動は、攻撃行動、非行行動、いじめなど他者の行動を妨害する可能性のある、集団への不適応行動です。また、非社会的行動は、常同行動、選択性かん黙、抜毛、拒食、過度の不安、緊張、恐怖などの情緒不安定、不登校、ひきこもりなど他者の行動を妨害することのない集団への不適応行動です。不登校という行為は、非社会的行動に分類されますが、家庭内での攻撃的行動が見られる場合もあり、反社会的行動の側面も抱えているものと考えることができます。

　子どものストレスを知り、それを取り除く方向で適切に支援をしなければ根本的な解決に至ることはできないでしょう。具体的には学級集団など発達障害のある子どもを取り囲む環境の調整が必要でしょう。また、それと同時に発達障害のある子ども自身のストレス対処能力の向上を図っていくことも重要です。

2. 子どものストレスと不適応のアセスメント

　野口（1996）は、カウンセリング過程で生じる効果は、①不安感、緊張感の低減、②問題の見方を検討、すなわち認知の変容、③（自己・他者に対する）信頼感の上昇、④自己像と自己評価、すなわち自尊感情（self esteem）の上昇、⑤自己効力感の発揮、⑥チャレンジする気持ちの発現、⑦自己成長、そして自己実現へと進んで行くことを述べています。

　行き詰まり感の強い子どもたちは、①から④の、大人には見えにくい内面に問題を抱えている場合が多いのです。病的な不安を抱えていると、それらを適切に言語化できない場合に、不定愁訴（しゅうそ）などの身体症状（身体化）や、問題行動（行動化）を示してしまうことがあります。

　このような不適応症状を示す子どもの状態を知るためのアセスメントとして、アッケンバックらが開発した心理社会的な適応／不適応状態を包括的に評価するシステムASEBA（Achenbach System of Empirically Based Assessment）を次に紹介します。

3. 心理社会的な適応／不適応状態を包括的に評価するアセスメント

子どものストレスを測定するためのツールのひとつとして、幼児期から思春期（〜成人）の子どもの情緒や行動を包括的に評価するシステム「ASEBA」があります。米国バーモント大学のT. M. Achenbach（アッケンバック）らが開発した一連の調査票（質問紙）です。この調査票は、
・保護者が記入するChild Behavior Checklist（CBCL）
・本人が回答するYouth Self Report（YSR）
・教師が回答するTeacher's Report Form（TRF）
の３種類から構成されており、ほぼ同じ内容で子どもの情緒と行動を多面的に評価することができます。それぞれ男女別に標準化されています。

これらの質問により評価される症状群尺度は、「ひきこもり」「身体的訴え」「不安／抑うつ」「社会性の問題」「思考の問題」「注意の問題」「非行的行動」「攻撃的行動」の８つの軸から構成されています（図2）。さらに「ひきこもり」「身体的訴え」「不安／抑うつ」からなる内向尺度、「非行的行動」と「攻撃的行動」からなる外向尺度と総得点が算出されます。

このプロフィール表には、２本の点線が示されています（図3）。下線

図2　CBCL/4-18 TRF YSR の尺度構成　http://www.spectpub.com/cbcl.html より引用

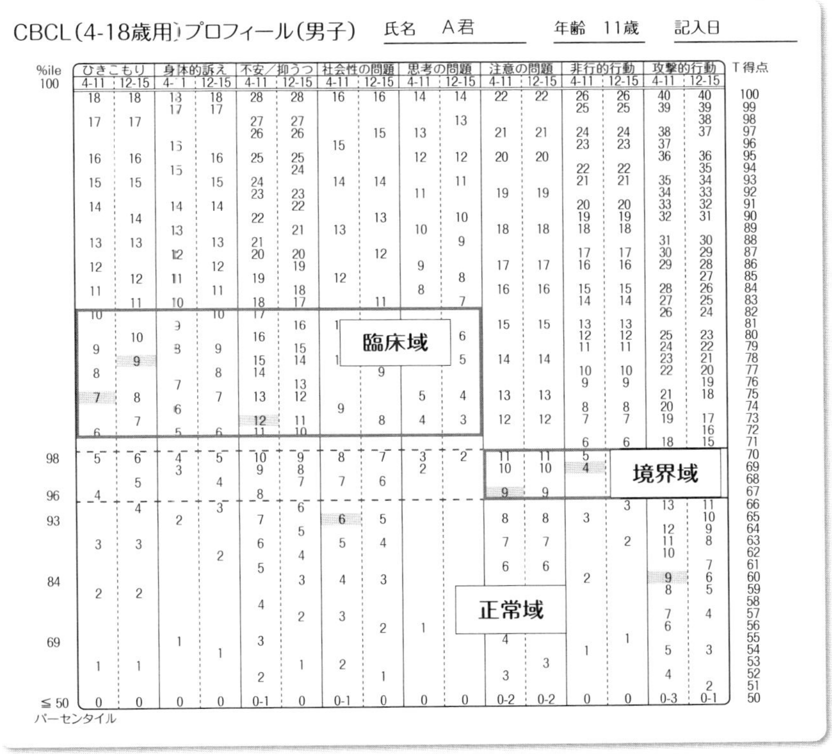

図3　CBCLの結果の例示
この表から、本人が「非常に厳しい困難さ」を抱えていて不適応になっていることが支援者たちの目に見える形で明確に示された。「ひきこもり」「身体的訴え」「不安／抑うつ」「思考の問題」に不適応を抱え、「注意の問題」「非行的行動」の境界域についても不適応になりつつあることが分かり、アスペルガー症候群の特性に配慮しながらも不安の軽減を中心とした支援の組み立てを行う必要があった。

の下は正常域、2本の点線に挟まれた領域は境界域、その上は臨床域と評価されるようになっています。このスケールを活用することで、子どもの情緒面および行動面の発達や問題の特徴をひと目で包括的に把握することができるようになっています。

　また、親、教師、本人の三者の立場から多面的に情緒や行動を評価して、客観的・主観的実態を比較検討し、三者間のずれを明らかにするこ

第1章　提案・交渉型アプローチとは

とができますので、いち早く、心理社会的な適応／不適応状態を評価して、複数の関係者が支援体制を整えるためには有効なツールであるといえます。支援体制を構築していく際に、心理社会的な適応／不適応状態が視覚的に確認できます。

4. ストレス対処過程から見た提案・交渉型アプローチ

図4は、ストレス対処過程における認知的評価、対処行動、ソーシャルサポートの関係性を示したものです。

最初に、ストレスの原因となるストレッサーがあります。私たちは、ストレッサーに対して、まず「認知的評価」を行います。認知的評価とは、ストレッサーの脅威性、あるいは重要性に関する評価です。

認知的評価によりその後の対処行動が決定されます。認知的評価は、1次的評価と2次的評価に分かれます。

1次的評価とは、ストレッサーに対して、「大変だ、困った」などと捉えることです。

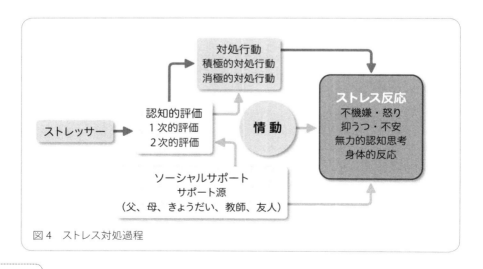

図4　ストレス対処過程

2次的評価とは、ストレッサーに対する対処行動についての評価であり、「何とかなる」「問題を解決しよう」と認知すれば、問題解決に向けた積極的対処行動をとります。「どうすることもできない」「あきらめるしかない」と認知した場合、人は、ほかの人に当たり散らしたりパニックを起こしたりするなどの現実逃避に代表される消極的対処行動をとるといわれています。対処行動とは、ストレス反応を軽減するための行動です。

　次にソーシャルサポートとその効用について説明します。知覚されたソーシャルサポートとは、「他人から援助を受ける可能性に関する期待、あるいは援助に対する主観的評価」のことです。すなわち、自分が周りの人に支えられているということを本人が主観的に感じることや、支えてもらえるだろうという期待を意味します。例えば、「自分に元気がなければ励ましてくれる」、「悩みや不満を言っても嫌な顔をしないで聞いてくれる」、「何か失敗してもそっと助けてくれる」、「普段から自分の気持ちをよく分かってくれている」、「悩んでいるときどうしたらよいか教えてくれる」といった期待です。支えてくれる人、すなわち、サポート源としては、母親、父親、きょうだい、友だち、教師などがあげられます。

　本人によって知覚されたソーシャルサポートとストレスは、負の相関関係にあります。すなわち、サポート期待を高く感じている子どもたちはストレスが低く、逆に、サポート期待を低く感じている子どもたちはストレスが高いといわれています。

　提案・交渉型アプローチを行うことは、本人によって知覚されるソーシャルサポートを高め、認知的評価の2次的評価に作用し、ストレッサーに対してあきらめにくい状態をもたらします。なぜならば、あきらめていたことに対して、いくつかの選択肢から対処行動を選択できる状態にもっていくことができるからです。

5. ストレッサーに対してあきらめる状態（不快状態）が続くことはとても危険

(1) 認知的評価と情動

　認知的評価は、その評価によって情動に影響を及ぼします。情動とは、怒り・喜び・悲しみ・憎しみなどのような一時的な感情の動きで、表情、身振りなどの行動の変化のもととなるものです。また、心拍数の増加や血圧の上昇などの自律神経系や内分泌系の変化をも伴います。

　大脳皮質で処理された感覚情報は、扁桃体を中心とする辺縁系に届けられると、快・不快などの評価が行われます。これらの情報は、内分泌・自律神経系反応に影響を与えます。辺縁系での情動評価は視床下部、脳幹に送られます。視床下部はさらに下垂体へ情報を送り、内分泌反応を喚起します。さらに脳幹は情動に伴う行動表出や身体反応を引き起こすことになります（坂井・久光、2011）。

　情動に悪影響を及ぼすストレッサーがあり、それが解決されないまま長時間ストレス状態が継続すると、心身の不調を訴え、身体・精神に大きな悪影響を及ぼすことになります。

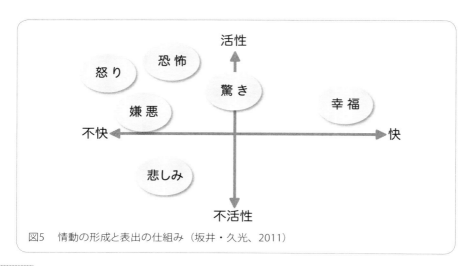

図5　情動の形成と表出の仕組み（坂井・久光、2011）

(2)「怒り」「嫌悪」「恐怖」「悲しみ」は不快な感情

　さまざまな情動を「活性」「不活性」、「快」「不快」という次元で示すと、図5のようになります（坂井・久光、2011）。

　「悲しみ」は「不快・不活性」に、「怒り」「嫌悪」「恐怖」は「活性・不快」に位置づけられます。子どもたちが、健康に生き生きと活動するためには、「快・活性」の「幸福」を感じる状態が好ましいことは、至極当然のことです。

6. ストレスマネージメントの力を育てる提案・交渉型アプローチ

　ストレスに対して反応する力には個人差があり、それは個人のストレスへの対処方法（コーピング）の違いが関与していることが明らかにされています。ある問題状況に直面したとき、人は何らかの行動を起こしてそれに対処しようとします。そのような、問題に対する解決、予防、回避などの対処行動のことをコーピングといいます。従ってストレスコーピングとは、ストレスに対して何らかの対処をし、その影響を軽減したり、なくしたりしてしまおうとする対処行動です。

　発達障害のある子どもの中には、あるひとつのストレスコーピングにばかりこだわってしまうことで、行き詰まってしまいやすい子どもがいます。そしてその結果として、ストレス反応としての身体症状や行動上の問題が現れてくるのです。このような子どもたちに、ストレスとうまくつきあうストレスマネージメントの力を育てることは非常に大切です。

　学校の「自立活動」の時間にストレスマネージメントの授業を行っているところがあります。指導内容としては、「ストレスの原因を知ること」「ストレスにはさまざまな対処の仕方があること」「ストレスと身体症状との関連」「自分にとって最もよい対処行動を知ること」、そして「複数の対処行動の中から適切な対処を柔軟に行うことができること」などがあげられます。これらの内容は、少人数での話し合いやロールプレイな

ど、体験をとおした形で授業に取り入れられています。

　加藤（2001）は、コーピング選択の柔軟性とは、「あるストレスフルな状況下で用いたコーピングがうまく機能しなかった場合に、効果的でなかったコーピングの使用を断念し、新たなコーピングを用いることのできる能力」としており、コーピングの選択に関する柔軟性に着目しています。そして、発達障害のある子どもの多くは、このコーピングの選択が柔軟に切り替えられずに、立ち往生してしまうようです。

　このような子どもに対して、提案・交渉型アプローチは有効なのです。

　次に、提案・交渉型アプローチを用いたことで、コーピングの選択ができるようになり、ストレスマネージメントの力が向上した2つの事例を紹介しましょう。

掃除ができないといつも叱られていた事例

　この事例の子どもA君は、どうしても清掃に参加できませんでした。そして、「どうして掃除できないの!?」といつも叱られていました。この場合、清掃がストレッサーとなっていることは明白です。

　教師は毎回強く叱ってはいたのですが、それ以上の指導はできず、結果として、この子どもの清掃への不参加を認め、全面的に譲ってしまっていました。

　これまでに説明したとおり、清掃とひと口に言っても、それには実にさまざまな活動が集約されています。例えば、ほうきで掃く、机やいすを運ぶ、雑巾がけをするなどです。

　ですから、そうした具体的な活動ひとつひとつについて、「どうしたらできるようになるのか」を確認していくことが必要です。「ほうきで掃くことはできますか？」「机やいすを運ぶことはできますか？」と聞いていくと、ほうきで掃くことや机を運ぶことは問題なくできることが分かり

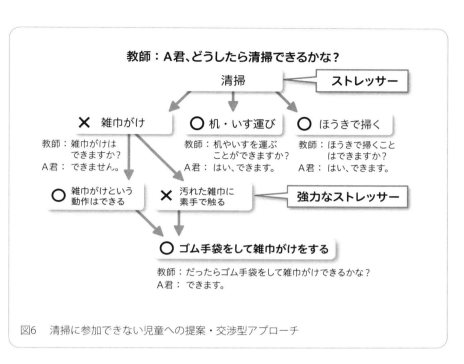

図6　清掃に参加できない児童への提案・交渉型アプローチ

ました。しかし、雑巾がけはダメでした。これが、ネックになっているようです（図6）。

　さらに、雑巾がけについて詳しく聞いていくと、きれいな雑巾を使えば、雑巾がけの動作自体は問題なくできるらしいことが分かりました。実は、水で濡れて汚れた雑巾をバケツの中で、素手で洗うことに強い抵抗があったのです。「汚い」と感じている雑巾を、どうしても素手で触れなかったのです。つまり、つきつめると、汚れた雑巾が強力なストレッサーとなっていたのです。

　このようなケースでは、ほうきと机運びだけを分担させ、雑巾がけを免除するという対処もありますが、このときは、ゴム手袋をはめて雑巾がけをすることを提案してみました。クラスメートと少し違うことをすることに少しばかり抵抗があったようですが、結局ゴム手袋をすることを自ら選択することができました。そして、その結果、本人納得のうえ

で、全面的に清掃のすべての活動に参加することができるようになったのです。

親戚の結婚式に参加したがらない事例

　教育相談でかかわった中学2年の生徒Bさんの事例です。彼女は、私が出会ったときは、不登校でした。小学5年のときに、家族旅行で行ったホテルのレストランで体調を崩して吐いてしまったことがトラウマとなり、その後、家族以外の人の前で食事をすることができなくなりました。毎週家族で楽しみにしていたレストランなどでの外食も一切拒否するようになり、数年が経っていたのです。

　親戚の結婚式に一家で招待されましたが、彼女は行きたがらず自分の部屋に閉じこもり、身体症状も悪化していました。この相談は、親戚の結婚式に参加させたいという両親からのものでした。

　私は、行きたいが行けない彼女の葛藤を感じました。しかし、結婚式に参加するように背中を押すことが、彼女にとって大きな精神的負担になってしまう可能性もあると考え、事前に両親とよく話し合いました。その結果、彼女は結婚式に行きたい気持ちが強く、条件が合えばうまくいく可能性があるものと判断しました。

　そこで、両親に図7に示したような提案・交渉型アプローチを実施してもらいました。ストレッサーは結婚式ではなく、その後の披露宴に出て食事することなのではないかという仮説に立ち、他者の前で食事しなくてすむ方法を検討して、選択肢として提案することにしました。

　生徒の安心感を保障するために、絶対に結婚式・披露宴に行かなくてはならないわけではないことを伝えました。すなわち「行かない」という選択肢も提示すること、結婚式場のホテルの一室を予約し、そこで家族だけで食事することも可能であることなどを提案することを両親にアドバイスしました。

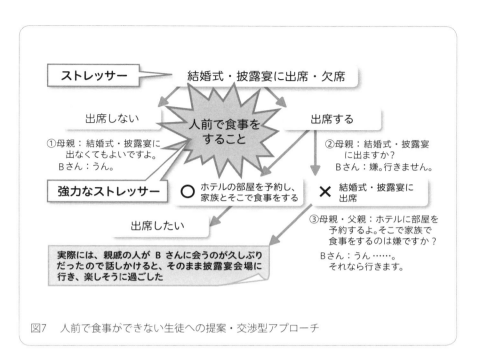

図7　人前で食事ができない生徒への提案・交渉型アプローチ

　その結果、彼女は結婚式に出席することができ、親戚の人たちから「大きくなったね。元気だった？」と声をかけられると、そのまま何の抵抗もなく披露宴にも参加できて、楽しむことができました。この生徒は、その後、不登校状態が改善し、現在は高等学校、音楽大学に進学して自分の将来の夢に向かって努力しています。

第2章
事例でわかる提案・交渉のプロセス

子どもの思い

合意

大人の思い

提案・交渉

事例1
集団活動に参加することを拒否するA君（高等部）

1. 背景

　知的障害特別支援学校の子どもの在籍数は増加しています。特に高等部において、発達障害や知的障害が軽度である生徒数の増加が顕著です。このような生徒たちの多くは、同年代の子どもからいじめを受けていたり、教師による強い叱責など、過去に適切な支援を受けることができていなかったりしています。すなわち、不適切な対応がなされたために集団の中に入ることを拒んだり、不登校状態になったり、あるいは攻撃的になったりするなど、状態が悪化してから特別支援学校の高等部に入学してきます。それらの生徒の多くは劣等感を抱いていたり、自尊感情が下がったりしています。

　集団活動に入りたがらないA君の場合、教師の指導は、「放任」か「叱責」になりがちです。ほかの指導方法はないのでしょうか。

2. 子どもの実態と状況

　A君は特別支援学校高等部の1年生で自閉症スペクトラム障害の診断を受けていました。中学校の特別支援学級を卒業後、特別支援学校に進学しました。

　入学後は、とくに問題もなく過ごしていましたが、4月の後半になると学校を欠席したり、活動に参加することを拒否したりするようになりました。理由をたずねてみると、「集団活動は苦手」「中学校のときから体育は見学することに決めてる」とのことでした。要するに好きな活動には参加するけど、やりたくない活動には参加しないということです。

　周りから見ると、A君の言動はわがままにしか見られません。放っておくと、嫌いな授業があるときには欠席するか、あるいは、登校しても好きな授業にしか参加しない状況でした。

担任は強制的に参加させたくはないが、どのようにすればA君の主体性や自尊感情を育てることができるのか悩みました。

3. つまずき・行き詰まっていること

集団活動になると理由をつけて参加しないこと。

4. 提案・交渉に至るまでのプロセス

エピソード1　遠足に参加したくない

　5月中旬に新入生全員で遠足に行くことになりました。遠足の前日に「集団活動は苦手。遠足には行かない」というA君。A君の「参加したくない」という主張を通してしまえば、今後も集団活動に参加することは難しくなるかもしれません。かといって、強引に遠足に連れて行けば、さらに集団活動に対して抵抗感をもつ可能性があります。
　そこで、本人の思いを尊重しつつ、以下のことを提案し、A君と交渉してみました。
　A君と話し合いを進めていくと、「遠足に参加しない＝学校を欠席する（登校する＝遠足に参加する）」という考え方をしていることが分かりました。そのため、「登校しても遠足に参加しなくてもよい」という選択肢として、「学校に残って勉強する」を提示しました。すると、学校に残って勉強することを選択して帰宅しました（図1）。
　遠足当日、学校に残ることを選んで登校したA君に、どうしても遠足の楽しさを経験してもらいたい担任は、さらに遠足の何が嫌なのかをたずねました。すると、「グループ活動（少人数のウォークラリー）に参加したくない」ことが分かりました。そのため、「遠足に行ってもグループ活動に参加しなくてもよい」という選択肢を提示すると、A君はバスに

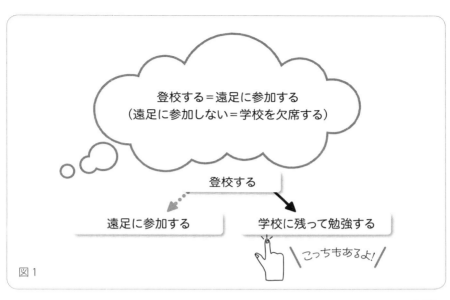

図1

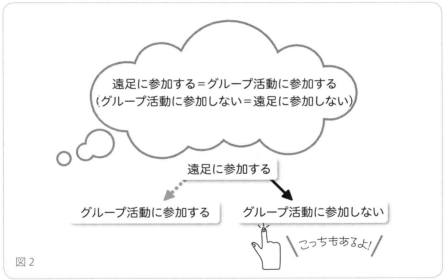

図2

乗り込むことができました（図2）。

　図3にA君が遠足に行くまでの提案・交渉の過程を整理しました。

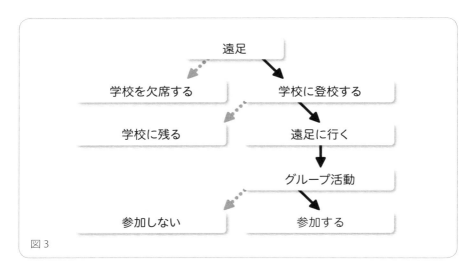
図3

　現地では、グループ活動には参加できなかったものの、友だちと一緒にお弁当を食べたり、お菓子を交換したりと楽しくコミュニケーションをとりながら過ごすことができました。
　楽しく友だちと話をしているA君を見て、担任はふと疑問に思いました。「本当に遠足に参加したくなかったのかな？」「本当に集団活動が苦手なのかな？」「A君の言動ってわがままなのかな？　理由はほかにもないのかな？」

エピソード2　友だちとの活動に参加しない

　隣のクラスと合同で取り組む特別活動（「紙芝居づくり」）の時間の出来事です。A君が突然「参加したくない」と言い出しました。A君は絵を描くことが好きだったので、不思議に思って理由をたずねると、「一緒に活動をしたくない友だちがいる」ということでした。「授業に参加しない。別の教室で好きなことをする」と言い張りました。
　そこで担任は、A君に一緒に活動をしたくない友だちのことをたずねてみました。友だちはA君と同じ小学校出身で、運動が苦手なA君を何度

1. 背景

　知的障害特別支援学校の子どもの在籍数は増加しています。特に高等部において、発達障害や知的障害が軽度である生徒数の増加が顕著です。このような生徒たちの多くは、同年代の子どもからいじめを受けていたり、教師による強い叱責など、過去に適切な支援を受けることができていなかったりしています。すなわち、不適切な対応がなされたために集団の中に入ることを拒んだり、不登校状態になったり、あるいは攻撃的になったりするなど、状態が悪化してから特別支援学校の高等部に入学してきます。それらの生徒の多くは劣等感を抱いていたり、自尊感情が下がったりしています。

　集団活動に入りたがらないA君の場合、教師の指導は、「放任」か「叱責」になりがちです。ほかの指導方法はないのでしょうか。

2. 子どもの実態と状況

　A君は特別支援学校高等部の1年生で自閉症スペクトラム障害の診断を受けていました。中学校の特別支援学級を卒業後、特別支援学校に進学しました。

　入学後は、とくに問題もなく過ごしていましたが、4月の後半になると学校を欠席したり、活動に参加することを拒否したりするようになりました。理由をたずねてみると、「集団活動は苦手」「中学校のときから体育は見学することに決めてる」とのことでした。要するに好きな活動には参加するけど、やりたくない活動には参加しないということです。

　周りから見ると、A君の言動はわがままにしか見られません。放っておくと、嫌いな授業があるときには欠席するか、あるいは、登校しても好きな授業にしか参加しない状況でした。

担任は強制的に参加させたくはないが、どのようにすればA君の主体性や自尊感情を育てることができるのか悩みました。

3. つまずき・行き詰まっていること

集団活動になると理由をつけて参加しないこと。

4. 提案・交渉に至るまでのプロセス

エピソード1　遠足に参加したくない

5月中旬に新入生全員で遠足に行くことになりました。遠足の前日に「集団活動は苦手。遠足には行かない」というA君。A君の「参加したくない」という主張を通してしまえば、今後も集団活動に参加することは難しくなるかもしれません。かといって、強引に遠足に連れて行けば、さらに集団活動に対して抵抗感をもつ可能性があります。

そこで、本人の思いを尊重しつつ、以下のことを提案し、A君と交渉してみました。

A君と話し合いを進めていくと、「遠足に参加しない＝学校を欠席する（登校する＝遠足に参加する）」という考え方をしていることが分かりました。そのため、「登校しても遠足に参加しなくてもよい」という選択肢として、「学校に残って勉強する」を提示しました。すると、学校に残って勉強することを選択して帰宅しました（図1）。

遠足当日、学校に残ることを選んで登校したA君に、どうしても遠足の楽しさを経験してもらいたい担任は、さらに遠足の何が嫌なのかをたずねました。すると、「グループ活動（少人数のウォークラリー）に参加したくない」ことが分かりました。そのため、「遠足に行ってもグループ活動に参加しなくてもよい」という選択肢を提示すると、A君はバスに

もからかったそうです。その友だちに小学校のときのことをたずねると、そのことを認めました。しかし、友だちは、そのときはA君に謝ってすでに解決したということでした。A君に、からかわれたことは解決した過去の話であることを説明しましたが、「トラウマになってるんだ！」と言って、全く聞き入れません。

　そのため、担任は、A君に「友だちとは別の教室で活動を行う」ことを提案し交渉しました（図4）。A君は、それを選択し、隣の教室で友だちと別々に活動を始めました。ところが、友だちが活動している教室をときどき廊下からのぞいては、みんなの様子をうかがっていました。結局、その日は隣の教室で活動をしました。

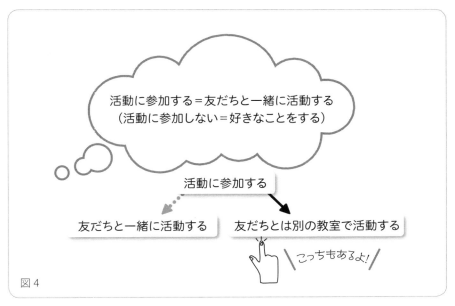

図4

　そして、次の週、「紙芝居づくり」の2回目の授業の時間となりました。前回、廊下から友だちの活動をのぞいていた様子から、「友だちとは別の教室で活動する」のほかに、「友だちと同じ教室で離れて活動する」という選択肢も加えて提案・交渉を行いました（図5）。A君は、迷わず

「友だちと同じ教室で離れて活動する」を選択しました。A君は絵を描くときには、友だちと離れていましたが、時折、席を立って友だちの作品を見に行き、感想を述べたり自分の作品の工夫した点を友だちに伝えたりしていました。

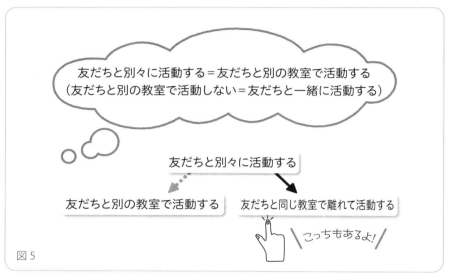

図5

さらに、3回目の「紙芝居づくり」の授業となりました。

2回目の授業では、席は離れていたものの友だちとコミュニケーションがとれていたので、「友だちと同じ教室で離れて活動に参加する」のほかに、「友だちと一緒に活動に参加する」という選択肢も加えて提案・交渉を行いました。A君は「友だちと一緒に活動に参加する」を選択しました（図6）。

2回目の授業時よりもさらに、友だちとのかかわりが増え、A君は自分の紙芝居のよい点を認めてもらい、満足した様子でした。帰りのホームルームでは、「この授業は楽しいなぁ。また、この企画をお願いします」と感想を述べていました。

3回目の授業のときには、小学校のときにいじめられた経験について

もすっかり忘れているようでした。

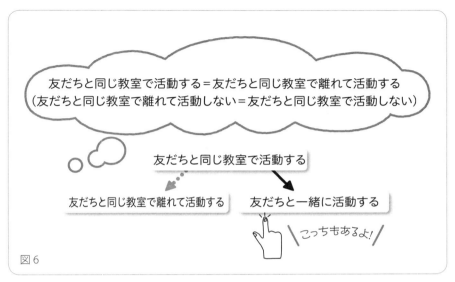
図6

　この活動に参加するまでのA君の行動をまとめると、図7のようになります。

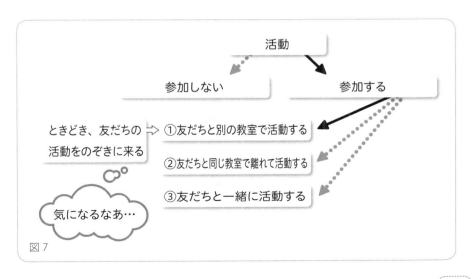
図7

5. 提案・交渉型の有効性

（1）参加するか参加しないかの2択ではない

　A君の2つのエピソードに共通しているのは、「0か100か」というA君の物事の捉え方（考え方）です。

　これらの2つのケースの場合においては、「活動に参加しない」「活動に参加する」の2択になります。ほかの活動においても、「今日の給食に嫌いな物があるから休むしかない」「友だちとの会話が楽しくないから休むしかない」というように「～が嫌なので休むしかない」という考え方（0か100か）につながっていました。実際に4月、5月は1週間に1日程度欠席していました。

　この考え方が、A君を苦しめていたのです。そんなA君に対して新たな選択肢を提示し、交渉することで、自己選択・自己決定を促した結果、0か100か以外の考え方を受け入れ、活動に参加できるようになりました。

（2）その後のA君

　2学期は運動会にマラソン大会、文化祭などの学校行事が重なるため、新しいことや運動、集団活動に苦手意識があるA君にとっては難しい課題が続くと考えられました。

　しかし、2学期に入り、友だちとの関係が深まり、さまざまな活動に参加する経験を経て、折り合いをつけることができる場面が増えてきました。教師が提案しなくても自分で選択肢を探し、納得し活動に参加するようになりました。「集団活動は苦手なんだ」という発言もなくなり、学校行事にも自分で楽しみを見つけ、活動できるようになりました。

6. 考察——放任か叱責の2択ではない

　提案・交渉型アプローチによって変容を見せたA君ですが、提案・交渉型アプローチが成立したのは、担任がA君の気持ちを丁寧に読み取り、「叱らないけど、譲らなかった」からだと考えられます。また、保護者と連絡を密に取り、随時、A君の様子について話し合い、共通認識をもちながら取り組めたことや、A君自身が心を開き、友だちとうまく関係がとれるようになったことなどのさまざまな理由が考えられます。
　2つのエピソードからも分かるように、活動に参加できたあとは、友だちと楽しくコミュニケーションがとれていました。このことから、A君は集団活動が嫌いというわけではなさそうです。A君が集団活動に入りたがらない理由には、過去の経験が関係しているように考えられます。
　まず、ひとつは「他者との比較」です。
　例えば、「中学校のときから体育は見学することに決めてる」のような発言です。A君は体のバランスもよくなく、運動能力は高くありませんでした。そのような中で、今までのように「他者と比べてできない自分」を見ることが怖かったのかもしれません。自分は自分のままでいいという思いをもつことができていなかったのでしょう。
　2つ目は、「コミュニケーション力の不足」です。
　A君は、相手の気持ちを考えたり、相手の立場になって話をしたりすることが苦手でした。また、一方的に自分の言いたいことばかりを話してしまうことも多くありました。そのため、集団活動の中でうまくコミュニケーションをとることが難しかったようです。集団活動の中で、楽しくやりとりしたり、会話したりする経験が少なかったのかもしれません。
　さらに、もうひとつは「トラウマ体験」です。
　今回は、小学校のときにからかわれたという体験（いじめを受けたという体験）を思い出し、集団活動に入ることを拒みました。周囲の人は

解決したと思っていても、本人にとっていじめを受けたという体験は、長く心の傷となって残るのでしょう。このことは、A君の「トラウマになってるんだ！」という発言からも分かります。

　A君のような子どもたちには、以上のように本人にもよく分からない、言葉で表現することはもっと難しいもやもやした複雑な気持ちがあるのです。それなのに、教師は「授業に参加したくない」という子どもの発言を「わがまま」と捉えてしまうことがあります。「わがまま」と捉えた場合は、子どもを無理やりに授業に参加させようとすることが多くなるでしょう。

　子どもが小さいときには、叱責すれば授業に参加させることもできるかもしれませんが、高等部段階になると難しいでしょう。無理やり授業に参加させようとすると、状態をさらに悪化させる場合があります。また、教師が無理やり参加させることに失敗することで、生徒は抵抗すれば参加しなくてすむことを学習するかもしれません。

　A君のケースで放任した場合と叱責により参加を強制した場合について考えてみましょう（図8）。

　教師も「放任」か「叱責」の2択ではないことを念頭においたほうがよいでしょう。提案・交渉型アプローチに取り組むことは、そのことに気づくための一歩になるのではないかと考えます。

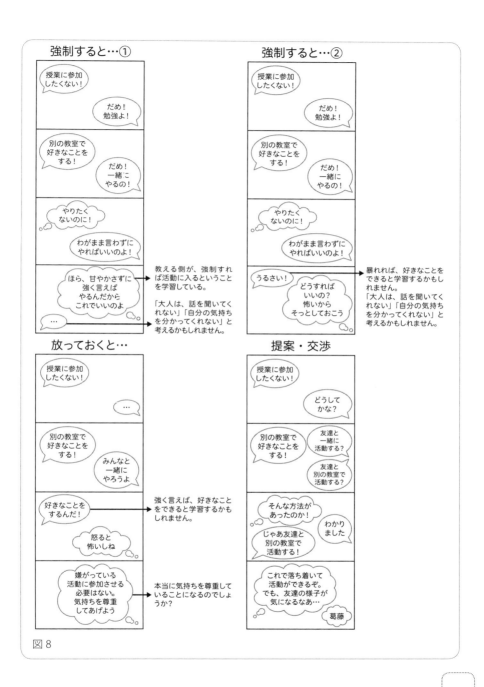

図8

第 2 章 事例でわかる提案・交渉のプロセス

事例2
学校で話せるようになった場面かん黙のBさん（小学部）

1. 背景

　場面かん黙とは、言葉を話したり理解する能力があるにもかかわらず、（家庭では話していても）学校などの社会的な状況で声を出したり話したりすることができない状態をいいます。このような状態の背景には、不安になりやすい気質がベースにあると考えられています。

　場面かん黙の状態である子どもは、かなりの割合で自閉症スペクトラム障害を併発していることが報告されています。従って自閉症スペクトラム障害などの発達障害を併発している場合、一方的に叱って話させようとする対応では、子どもの自尊感情が傷つき、過度なストレスを感じてしまうことが考えられます。

　自閉症スペクトラム障害があり、場面かん黙の状態であるBさんの場合、学校生活においてさまざまな不安や緊張を感じながら生活しているということが想像できます。Bさんの「声にならない気持ち」に寄り添い、不安を軽減し、安心できる関係を築くことが大切です。

2. 子どもの実態と状況

　Bさんは特別支援学校小学部の5年生で自閉症スペクトラム障害があります。家庭では話すことができますが、学校ではあまり話さず、話したとしてもささやき声で1語か2語程度といった様子でした。このような状態は、入学当初より見られました。

　そのため、要求を指さしなどで伝える、教師の質問にうなずくか首を振る、あるいは教師が用意した選択肢の中から気持ちに合うものを選ぶ、という方法でコミュニケーションをとっていました。また、嫌な気持ちの表現として大声で泣くことがよくありましたが、Bさんの気持ちが十分に理解されないことも多々あったように思います。教師にとっては、

Bさんの気持ちが分からず、Bさんにとっては、教師に伝わらないことで、お互いに行き詰まっている状況でした。

5年生となり、担任がBさんのお宅へ家庭訪問をしたときのことです。そこには、学校とは全く違うリラックスした表情のBさんがいました。自分で作ったお菓子を持ってきて「食べてね」と勧め、自分の好きなことなどについてたくさんの話をしてくれました。学校ではやはり、かなり緊張しているのだということがよく分かりました。また、このときBさんは「11月になったら声を出すよ」と話していました。この発言から、Bさんが声を出したいと願っているということが読み取れました。

担任はBさんの感情を知りたい、そして泣くという方法以外で自分の気持ちを伝えられるようになってほしいと思いました。しかし、「話すこと」は、Bさんにとって心理的な負担がかかることです。「話すこと」以外の方法で、どのようにすれば、Bさんとコミュニケーションがとれるのだろうかと考えました。

3. つまずき・行き詰まっていること

Bさんが、自分の思いを、音声で教師や友だちに伝えられないこと。

4. 提案・交渉に至るまでのプロセス

Bさんに日記の宿題を出したところ、「楽しかった」「おもしろかった」など、そのときどきに感じたことが自分の言葉で表現されていました。また日記用紙の余白には、担任の似顔絵や自分で考えたセリフなどがたくさん描かれてあり、Bさんの思いがあふれていました。

そこで、「書くこと」をとおしてBさんとやりとりするなかで、担任との間に安心できる信頼関係を築きたいと考えました。文章を書くことによって、「自分の思いが相手に伝わった」という経験を積み重ねていけ

ば、「もっと伝えたい」という思いが膨らみ、自然と話すことへの表出につながるのではないかとも考えました。

書くことでBさんとコミュニケーションを図ろう

（1）支援方法

図1のようにメモ帳を担任が携帯し、筆談をするかどうかBさんに提案してみました。突然泣き出した際には、その都度理由を聞くようにしました。

図1　担任の支援スタイル

（2）経過

| エピソード1 | 泣いたわけ

Bさんは活動中に突然泣き叫ぶことがあり、行動の前後の状況などを考えても理由がよく分からないことが多くありました。この日は学校に

到着し、机にランドセルを置いたとたん、髪の毛をくしゃくしゃにかき乱しながら、泣きわめき始めました。何か嫌なことを思い出して泣いたのか、それとも何か環境の変化に戸惑って泣いたのか、いくつか理由は考えられましたが、よく分かりませんでした。

　そこで、ノートに「髪の毛どうしたん？」と書いて本人に渡すと、すぐに受け取り、「かゆい」と書きました（図2）。「そっか、かゆかったんやね」と言葉を返すと、「うん」とうなずき、気持ちを切り替えて朝の準備に取りかかることができました。

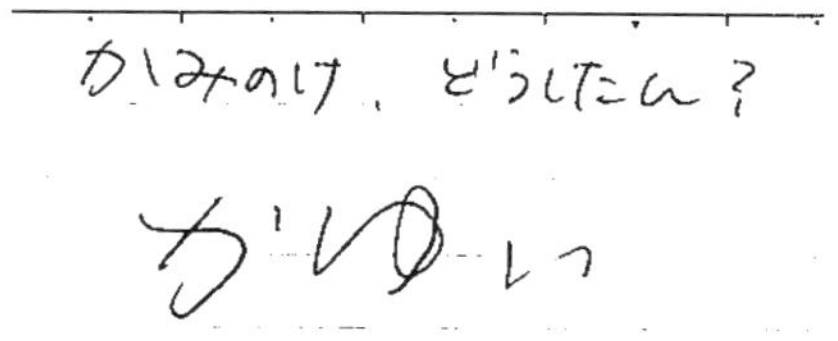

図2　メモ帳より

エピソード2　メモ帳によるやりとり

　休憩時間などに、Bさんと書くことでやりとりをしようと、「メモ帳でお話ししましょう」と提案したら、Bさんが質問を書いて担任に見せにきました。好きな色についての話です。担任からもBさんに「紫色は好き？」と紙に書いて質問すると、「好きです」と書いて返してくれました（図3）。

　また、しりとりを続けることもできました（図4）。

図3　文字によるやりとり

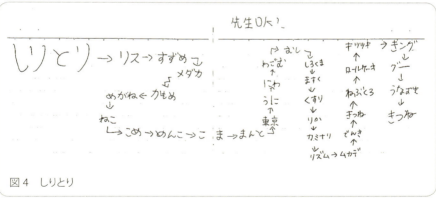

図4　しりとり

エピソード3　声の大きさ

　授業でクラスのみんなと本を音読することになりました。場面かん黙の子どもにとって、「読みなさい」とか「大きな声で」などと指示されることは心理的に負担となることが考えられるため、読むことは強制しませんでした。また、ひとりずつ読み進めるというやり方では、注目されることでより追いつめてしまうことになりかねません。

　そこで、群読という形をとることにしました。Bさんには「読まなくてもいいからね」と伝えました。ところが、いざクラスのみんなで群読を始めると、Bさんも一緒に読んでいるではありませんか！　驚きとともにうれしい気持ちでいっぱいになりました。

　音読の授業が進むにつれ、より積極的に参加するBさんの姿が見られるようになりました。「配役を決めてひとりずつ読んでみない？」と提案したところ、Bさんも含めた子どもたち全員の同意を得ることができました。Bさんには決して大きな声で読むことは強制せず、音読する前にメモ帳を提示し、「声のものさし」（図5）と照らし合わせて、「どんな声で読む？」と問いかけるようにしました。

　このものさしは、Bさんと一緒に考えたものです。これまで小学部の低学年のころから、指導で使われてきた声の大きさを表す資料を参考にしながら一緒に考えていきました。「朝の会だったらどれくらいかな？」「音楽の授業だったら？」など、例をあげて考えていきました。0〜5まである声の大きさの中から、Bさんは「3」や「4」を選んでノートに記し（図6）、そのとおりの声で読もうと努力している様子が見られました。

　音読の様子をビデオで録画し、映像をみんなで見る機会を設けると、Bさんは笑顔で自分が読む姿を見ていましたが、そのとき、「私って声が小さいな」とつぶやきました。その次の週も同じように音読に取り組んだところ、Bさんは前回よりも大きな声で読むことができました。

声の大きさ	どんな声?
0の声	心の中の声
1の声	ないしょのひそひそ声
2の声	二人で話す時の声
3の声	クラス(5,6人)に話す時の声
4の声	小学部みんな(15人)に話す時の声
5の声	学校全員に話す時の声 運動場で遊ぶ時の声

図5 声のものさし

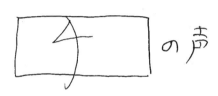

図6 声の大きさの選択

エピソード4　声が変わった!

　メモ帳を用いてやりとりができるようになってくるにつれ、文章だけでなく話すことでも自分の気持ちを伝える様子が見られるようになってきました。例えば、6月に行われた宿泊学習では、Bさんのほうから「先生、楽しい」と何度も伝えに来ることがありました。

　また、放課後、防犯ブザーをわざと鳴らそうとしているクラスメートに対して、「わー、びっくりしたよ」と担任が言うと、後ろでそのやりとりを見ていたBさんが「先生、Bもびっくりした」とはっきりとした声で言うことがありました。これまで、感情を日記に書くことはありましたが、それは担任が初めて聞いた、声によるBさんの気持ちの表出でした。

さらに、7月末に行われた学校の夏祭りでは、お祭りの最後に行われた花火をBさんとその姉、担任が並んで見ていました。そのときに、Bさんは自然な声で会話ができたのです。そして、Bさんが「先生、2学期からこの声で話すわ」と言ったのです。その言葉どおり、登校日、スクールバスから降りてきたBさんは、玄関で「先生！」と大きな声を出しました。Bさんはこのときのことを日記に記しています（図7）。さらに、2学期の始業式にも自分の声について綴っています（図8）。

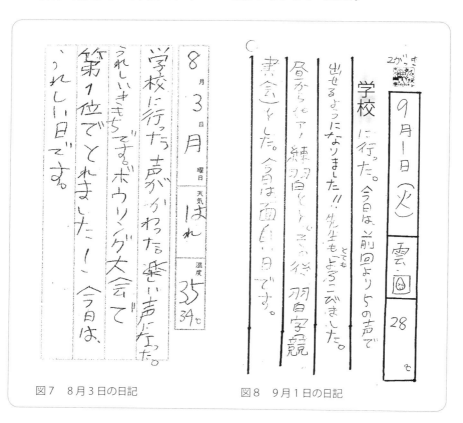

図7　8月3日の日記　　　　図8　9月1日の日記

この日を境に、Bさんは家庭で話すように学校でも音声でやりとりができるようになりました。

5. 考察――「伝わった」という体験の積み重ねが大事

　Bさんの声にならない声を聞きたいという思いから、文字を書くことによるコミュニケーションを試みたところ、結果的に話すという行為につなげることができました。話すことを強要せず、気持ちに寄り添おうとした担任とBさんの間には、安心できる雰囲気や信頼関係が構築されていきました。そして、この関係の中で、書くことによるコミュニケーションが成立し、それをとおして「伝わった」という体験が積み重ねられました（図9）。

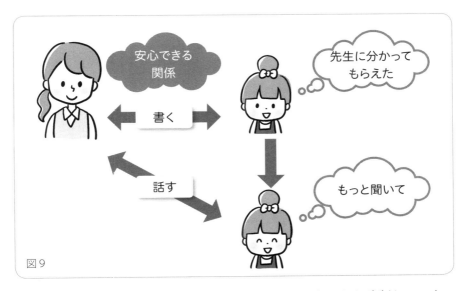

図9

　もしも、担任がBさんの気持ちを無視して、話すことを強制していたら、きっとこのような結果にならず、もっと深刻な問題に発展していたかもしれません。また、なすすべもなく、Bさんの黙ったままの状態を

よしとして、気持ちを引き出すための努力をしないでいたら、きっとよい結果にはつながらなかったでしょう。

　担任から提案された「書くコミュニケーション」という方法を受け入れ、自分の気持ちや考えを少しずつ表出しようと努力していったBさん。そこには、Bさん自身の「気持ちを届けたい」という思いが表れていました。

　また、音読の場面では、まず群読という方法で本人に注目が集まらないよう配慮しました。さらに、配役を決めて読む際には、大きな声で読むことは強制しませんでした。そして、読むことを選択したときには、声の大きさを自分で選択できるようにしました。自分で選択したことで、モチベーションも高まり、力を発揮できたのではないかと考えます（図10）。

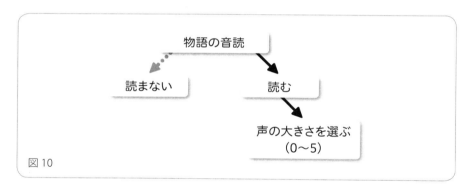

図10

　Bさんは、自分で「この声の大きさで話す」と決め、努力した結果、学校でも自然に話せるようになりました。日記には、自然な声で話せるようになったことを心から喜んでいる様子が表れています。現在は、全校生徒の前でも臆することなく大きな声で話すことができ、自分から他学部の生徒に話しかけにいったりする姿も見られるようになりました。

　しかし、やはりBさんにとっては、書くことも伝えるための大切な手段です。現在も、自分から「お話しノート」に絵や文字を書いて伝えに来ることや、手紙を書いて持って来ることがあります。

声も文字も、コミュニケーションをとるための手段のひとつにすぎません。その中で本人に合った方法を提案し、本人と交渉していくことが支援の鍵であると考えます。

事例3
「分かっているけどできない」という葛藤を抱えるC君（高等部）

1. 背景

　精いっぱい頑張ってきたにもかかわらず、「いかんともしがたい状況」に追い込まれてしまったら……みなさんはどうするでしょうか。

　自分にとってそれほど大切ではなく、簡単にあきらめがつくことであれば落ち着いていられるかもしれません。しかし、本当に自分にとって大切なことであれば、うまくいかないと落ち込んでふさぎ込んだり、イライラして誰かに当たり散らしたりしてしまいがちです。なかには、お腹が痛くなったり、体がだるくなったりと体調をくずしてしまった経験がある人もいるかもしれません。

　「このままではいけない」「何とかしたい」という気持ちがあったとしても、私たちは自分の言動をうまくコントロールできなくなってしまいます。

　「攻撃的なふるまいをしてしまう」「学校を休みがち」などのいわゆる子どもたちの不適応行動の裏側にも、多くの場合、似たような心の状態が影響しています。

　とりわけ、知的障害や発達障害のある子どもは、自分が直面している状況に対して対処方法を単一的にしか見いだせず、「これがだめなら次はこれ」といったように柔軟に切り抜けることが困難である場合が少なくありません。このことから、ひとつ失敗しただけでも「いかんともしがたい状況」に陥りやすくなってしまいます。

　また、知的障害や発達障害のある子どもは、自分の心の状態を客観的に捉えることが苦手である場合がよく見られます。そのため、「どうすることもできない」「でも、何とかしなくては」といった心の葛藤がありながら、そのことをうまく意識化できず、心の不安定さを強めてしまっていることがあります。

　このような背景要因によって不適応行動を引き起こしてしまっている

子どもに対して、「きちんとしなさい」と行動の修正を促しても、本人も無意識下で「やらなければならないことは分かっている」ため、より心理的な不安定さを強めてしまう危険性があります。また、反対に「あなたの好きにしたらいいよ」と、表れている行動を容認してしまっても、本人の心の中に隠れている「これではだめなんだ」「誰かに分かってもらいたいんだ」という気持ちは肩透かしをくらってしまい、本人がつらいと感じている根本的な部分は表面化されないままになってしまいます（図1）。

図1

2. 子どもの実態と状況

　C君は、軽度の知的障害と自閉症スペクトラム障害のある高等部2年の男子生徒です。普段は明るく活発的なC君ですが、力いっぱい頑張っているかと思ったら、突然、体の不調を訴えたり、友だちに対して暴言・暴力をふるってしまったりと感情の起伏が激しいところがあります。とくに朝は気持ちが沈み込んでしまうことが多く、頭痛や腹痛を理由に遅刻や欠席を繰り返していました。

　これらのことが原因となり、本来C君がもっている力を発揮できずに、友だち関係がぎくしゃくしてしまったり、学習に消極的になってしまっ

図2

たりしている様子が見られました（図2）。

3. 提案・交渉に至るまでのプロセス

①不適切な行動・言葉は訴えと捉える—— 葛藤を前提に

　ある朝、C君から電話がかかってきました。電話の内容は「先生、今日は頭が痛いので休みます」といったものでした。このような連絡を受けると、担任としては正直なところ、「学校に行きたくないから嘘をついているのでは」ということが頭をよぎりました。しかし、C君はこれまで少しずつ、自分の体調不良が心の不安定さに起因するのか、身体の不調などに起因するのかを言葉にできるようになってきていました。

　そこで、担任はC君に「頭が痛いのは気持ちも関係しているのかな。何パーセントぐらいかな？」とたずねてみました。するとC君からは、「……（気持ちの割合は）80パーセントぐらいかな」という答えが返ってきました。C君なりに、自分の体調の訴えを客観的に捉え直してみようとしたのだと思います。

　「学校に来にくいね」と伝えると、「うん。……行かなきゃいけないとは思うんだけど……」と答えました。C君は、自分自身が「学校へ行く」ということに対して追い詰められているということを言葉にすることができ、担任とC君の間で、今、直面している課題を共有することへとつながりました。

　この頭痛が、何かの病気に起因するのか、それとも心理的なものなのか、もしくは、学校に行きたくないから嘘をついているのか、それは本人にしか分かりません。しかし、こういった体調不良の訴えは、本人にとってはまぎれもない「真実」であり、間違いなく本人が体感しているものである場合が多いように思います。それが本当か嘘かにこだわって問いただすのではなく、その裏にある本人の葛藤に目を向けて言葉をかけることで、本人と課題を共有することにつながるのではないでしょうか。

②本人の迷いに寄り添う──答えを急がない

　電話で「(学校に)行かなきゃいけないとは思うんだけど……」と言ったきり、C君は黙りこんでしまいました。このとき、何か声をかけたほうがよいのかどうか、担任としては迷いましたが、C君がじっくりと考えることができるように、次の言葉を待つことにしました。

　しばらくするとC君は、「学校に行こうと思う。……でもプールは入らないから」と、自分から学校へ行こうという気持ちを言葉にすることができました。

　そこで、「プール、嫌なんだね」と返すと、C君からは「泳げないから」という返事が返ってきました。しかし、普段のC君の水泳の様子を見ていると、まったく泳げないというわけでもなさそうです。もう少し詳しく話を聞いてみると、どうやら中学校のときに、みんなの前で泳いで笑われたことが気にかかっているようでした。

　そのため、C君には、水泳は見学してもよいこと、プールに入る場合でもできるところまででよいことを確認しました。また、ほかの先生方にも「本人ができるところまで頑張ろうとしているので応援してほしい」

と、あらかじめ伝えておくこともC君と約束しました。

　選択肢を複数提示し「さあ、どれにする」と選ばせるだけでは、提案・交渉型アプローチは成り立ちません。答えを急ぐのではなく、まずは本人が自分の言葉で語ることを大切にしながら、自身の今置かれている状況を理解し、自分にとって絶対に無理なことは何なのか、どこまでならできそうなのかを見つめられるように配慮することが大切です。

③「しない」選択肢の意味——選択に至るプロセスを重視

　C君は学校へ来てからも気まずそうにしています。自分からは水泳のことを切り出しにくそうに思えたため、「水泳のこと、気になるね」と担任から声をかけました。すると「悩んでいる……」と不安そうな言葉が返ってきました。C君は心のどこかで「水泳も参加できるほうがよい」と葛藤しているように思われました。

　そのため、「電話で約束したとおり、見学でも大丈夫。頑張って泳いでみるなら、先生は応援する。例えば、水着に着替えるところまでやって、見学するのもひとつの方法かな」といくつかの提案をもちかけました。それに対してC君からは、「でも、水着を持ってきていない」という返事が戻ってきました。おそらく、C君は少し前向きに考えようとしたのだと思います。そこで、「先生が水着を貸すこともできるよ。水泳は昼からだから、もう少し考えて昼休みにどうするかを決めよう」と伝えました。

　昼休みになり、C君は「先生、精いっぱい考えて、自分にとって一番いい答えを決めました。今日はプール、やめておきます」と伝えに来ました。担任がこの返答を受けたときは、「頑張って水泳に参加する」という答えをどこか期待していただけに、多少がっかりしました。

　水泳の時間、C君はプールサイドで見学をしていました。しかし、何となくプールに入っているクラスメートのことが気にかかっている様子です。そこで、C君に少し水をかけたりしながら、「足をつけると気持ちいいよ」と伝えてみました。はじめは気のりしなかったC君も、クラス

メートと水をかけあったりしながら、少しずつプールの水を介したかかわりに夢中になっていく様子が見られました。

その中でC君が、「先生の水着ってそれのこと？」とたずねてきました。担任が着ていたラッシュガード（上半身をカバーする水着）に気がついた様子です。このとき、C君は上半身を見せるということにも抵抗が大きかったのだということに気づきました。そこで、「上半身の水着も貸すことができるよ」と伝えました。すると「それがあったらできるかも……」とつぶやくC君の様子が見られました。

後日、C君は「今日はプールに入ってみようかな」とクラスの中で言葉にしました。「やってみようと思うの？　大丈夫？」とたずねると、「うん」と言い、「でも笑わないでほしい」とクラスメートに対して伝えることができました。その日、C君は友だちと一緒になって水泳の授業を楽しむことができました。

提案・交渉型アプローチを進める中で、「しない」という選択肢を本人が選んだ場合、私たちは、つい「もう少し考えてみたら？」「何とかやってみよう」と、さらなる提案を提示してしまいたくなります。しか

し、提案・交渉を進めるうえでは、最終的に本人がどのような選択をしたとしても、その結論を出すまでに至ったプロセスを重視することが大切です。

自分では「いかんともしがたい状況」に追い込まれて、「できない」まま終わってしまうことと、自分が今置かれている状況を客観的に見たうえで、自ら「しない」ことを選ぶのでは、大きな違いがあります。水泳に参加すべきである、しかし今の自分にはそのエネルギーがない、ということをC君が意識できたからこそ、見学することをスタートにして、結果的に水泳に参加するというところまで結びついたように思います。

また、「プールが苦手だ」という中には「自分の裸を見られるのがつらい」というC君の不安な気持ちが隠れていました。本人ですら、その不安の所在を意識化できておらず、具体的に言葉にすることが難しい場合もよく見られます。対話を繰り返す中で、本人が自ら心の状態を整理し、解決につながる糸口を探っていく試みが重要であるように思います。

4. 考察 ── 何が選択できたかよりプロセスが重要

ここで取り上げた事例は、はじめはC君の「頭が痛いので休みます」というひと言から始まったものの、提案・交渉を重ねていくことで、最終的には本人が水泳に不安を強くもっているということ、上半身を見せることに抵抗があるということが分かってきました。

「頭が痛いので休む」という表面的な要求をそのまま受容してしまったり、ただ強く登校を勧めたりした場合には、根底にある葛藤は顕在化されないまま、強い不安として本人の中に残ってしまうことが危惧されます。心の不安定さからくる「休みたい」「やっても無駄だ」といったような言葉は、「いかんともしがたい状況」に追い込まれた本人が何とか言葉にした悲痛な叫びである場合が多いように思います。

そのため、支援を行う場合には、その裏側にある葛藤に目を向け、寄

り添っていくことが基本の姿勢になります。その中で、今は「向き合えない」のか「向き合えそう」なのか、常に評価し、心の揺れを受け入れながら提案・交渉する言葉を選んでいくことが必要になります。

　提案・交渉型アプローチは、結果的に何が選択できたか、ということよりは、その選択に至るプロセスが重要です。提案・交渉を通じて自分自身との協議を繰り返すことが、自らの心の状態の意識化を図ることにつながります。特に知的障害や発達障害のある子どもたちは、自らの心理状態の一面だけを捉えてしまいがちなため、自らの心の多面性に気づけるようにしていくことが提案・交渉型アプローチを用いる大きな利点であると考えます。

　同時に、提案・交渉を進めていく中で、子どもたちは選択肢が「する」「しない」の２択ではないことに気づいていきます。そして、自分の心の状態と、多様に開かれた選択肢をすり合わせていくことが、自分の手によって、よりよい行動を選択することへとつながります。

　このような選択が一度だけできたからといって、子どもの心のもちようが大きく変化することはほとんどありません。Ｃ君の事例にしても、限られた一部の場面での行動選択ができたに過ぎません。しかし、積極的な行動を自らつかみ取ったという実感をひとつずつ積み重ねていくことが、自尊感情を高め、本人の根本的な成長を促していくことへとつながるのではないでしょうか。

事例4

すべての学習活動に参加できるようになったDさん（中学部）

1. 背景

自閉症スペクトラム障害があり、知能やコミュニケーション能力が未発達な子どもたちの中には、自分の周囲の環境に生じた突然の変化を理解したり適応したりすることが難しく、不安定になってしまう子がいます。Dさんも、そんな生徒のひとりでした。

2. 子どもの実態と状況

Dさんは、自閉症スペクトラム障害と知的障害のある中学部1年の女子。簡単な指示を理解して行動することができ、また、手先が器用で細かい作業が得意でした。ただ、自主的に「○○がしたい」「○○はやりたくない」などの意思表示は、片言の単語でも表現できませんでした。

入学当初は、さまざまな学習や活動に笑顔で参加し、スムーズに取り組んでいたDさんの様子に変調が見え始めたのは、水泳学習が始まったころです。小さなころから大好きだったプールに、突然強い抵抗を示すようになりました。そして、これを境に参加をしぶる学習が増え始めました。

最初に参加できなくなったのは、体育と校外学習でした。そして、徐々に、それらのある日に登校をしぶるようになりました。また、登校しぶりだけでなく、下校時も、なかなか着替えられず、帰ることができなくなりました。同じように、ほかの場面でも切り替えが悪くなり、授業に必要な準備もできずに固まってしまい、参加できない授業や活動が増えていきました。

後日分かったことでしたが、Dさんの変調のきっかけは両親の離婚でした。それによって生じた家庭環境の大きな変化に適応できず、不安を言語化することのできないDさんは、さまざまな不適応行動で表現して

いたのではないかと思われます。

　混乱状態にあったDさんは、教師からの問いかけにも耳をふさいでしまうなど、しばらくは提案・交渉の働きかけを受け止めることができませんでした。びっくりするような大きな叫び声をあげて教室を飛び出していくような姿も見られた時期もありましたが、そのようなエネルギーは日を追って低下し、クールダウンするための部屋（クールダウンルーム）に閉じこもってしまうことが多くなりました。

3.　つまずき・行き詰まっていること

①当校や下校が時間どおりにできなくなったこと。
②多くの学習や行事に参加できなくなったこと。

4.　提案・交渉に至るまでのプロセス

(1) 要求する力を育てる〈混乱期〉

　Dさんは、周囲からこれまで繰り返し受けてきた簡単な指示語に対しては、何を求められているのかをほぼ理解できていました。しかし、とくに学校において、それが自分の意に添わない場合に、NOと言えるような経験はもたなかったものと思われました。

　不安が大きくなって、エネルギーが低下し、課題がきついと感じても、「休ませてください」「助けてください」と自分から発信することができず、代替行為としてクールダウンルームにひとりで行ってひきこもってしまうのでした。気持ちカードを作って何度も練習しましたが、結局、それを使えるようにはなりませんでした。これは、願い出たことを受け止めてもらうという経験自体が決定的に不足していたためと思われました。

　そこで、まずはクールダウンを要求できる力を育てようと、次のよう

な支援を行いました。

　参加をしぶるだろうと予測のできる活動の前には、必ず「クールダウンしますか？」と提案します。提案されれば、必ず「クールダウンします」と答えるDさん。「気持ちが落ち着いたら、戻ってきてね」と条件をつけましたが、状態の悪いときは、気持ちを切り替えてひとりで教室に戻ってくることはなかなかできませんでした。教師が頃合いを見て迎えに行っても、「まだ治りません」ということも多かったのです。

　また、教師に許可をとらずにひとりでクールダウンルームに行ってしまった場合は、追いかけていき、「クールダウン」と、言葉できちんと要求し直してもらうこととしました。その代わりDさんが、要求できた場合には、それをすべて認めるようにしました。

　Dさんには最初、自分の要求がそのまま認められることへの戸惑いの表情が認められましたが、すぐにこの方式に馴染んでいきました。同時に、「クールダウン」と、片言ですが、自分から要求できるようになっていきました。それとともに、教師に断りもなく黙ってクールダウンルームに逃げこむようなことは見られなくなりました。

（2）自分の行動を選択する力を育てる〈回復期〉

　混乱期にはクールダウンルームで過ごすことの多かったDさんでしたが、少し気持ちが落ち着いてくると、行動にもわずかな変化が見られるようになりました。クールダウンルームをのぞくと、そこに置かれているいすを並べ、教室にそっくりな配置をつくる姿がたびたび見られるようになってきました。「教室に戻りたいけど、自信がない、やれるかな」といった心の葛藤が垣間見えるようでした。

　そして、この前後から徐々に、学習に関する提案・交渉に応じることができるようになってきたのです。提案・交渉は言葉だけでなく、ひらがなや簡単な漢字などの文字で紙に書き示すようにしました。また、分かりにくい内容については、写真や絵などを見せて伝えました。その結

果としてDさんが自分で選択できたことは、できるだけ尊重し、認めるようにしました。

エピソード1　体育

まず、文字と図を用いながら、体育の学習の内容と活動の流れを説明します。「今日の体育は、①ランニングコースの三角コーン並べ（準備）、②ランニング、③ストレッチ体操、④玉入れの練習、⑤ランニングコースのコーンの片づけだけど、このうちどれならできる？」と聞くと、「準備」と答えるDさん。「分かったよ。じゃ、準備だけお願いね」。

すると、Dさんは、時間になるとスーッと用具室に行き、三角コーンを出してすぐにランニングコースに並べると、あっという間に教室に戻ってきたのです。教室に戻ったあとは、体育の代わりにDさんが選択した数学のプリントに選んだ枚数だけ取り組みました。また、プリント学習が早く済めば、大好きな絵を描いてもいいことにしました。

「準備」だけであっても、自分で選択し、決定した立派な体育の授業内容です。「準備」が上手にできて、体育に参加できたこと、自分の選択に沿ってプリント学習ができたことなどを大いに評価しました。

エピソード2　清掃

図1に示したとおり、清掃についても、①掃除用具の準備、②机の移動、③ほうきで掃く、③雑巾がけ、④机の移動、⑤ほうきで掃く、⑥雑巾がけ、⑦掃除用具の片づけ、⑧反省会、と仕事の流れを紙に書いて示し、その中から自分ができそうな仕事をDさんに選択してもらいました。

はじめのうちは、言葉で答える前にDさんは、自分の机といすだけをぱっと運び、直後にクールダウンを要求しました。自分の机といすだけでも運べたら、清掃に参加できたことになるので、「できたね！　よかっ

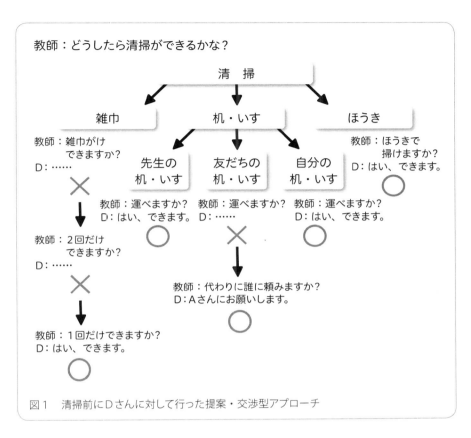

図1　清掃前にDさんに対して行った提案・交渉型アプローチ

たね！」と認め、励まして、クールダウンに送り出します。これを繰り返しながら、様子を見て、「今日は、ほうきもやってみようよ」と提案の機会をうかがいました。

　Dさんがこの提案を受け、ほうきの仕事もできるようになると、教室を出てクールダウンの部屋に行こうとする場面で、「机移動のあと、もう一度ほうきで掃くから、それまで待ってくれるかな？」と交渉します。すると、その作業が終わるまでは教室にいることができるようになりました。

　雑巾がけについてはなかなか選択できませんでした。「雑巾が汚い、濡

れているから触りたくない」という思いも予想されたので、「ビニール手袋を着ける？ 新しい雑巾を使う？」といった提案を行い、結果、新しい雑巾を選びました。

　しかし、新しい雑巾を選んで折り合いをつけたはずが、Ｄさんは両手を床につき、膝を浮かせて前に進む雑巾がけ態勢がなかなかとれず、いっこうに動けませんでした。そこで、部屋の隅の狭い空間だけを片手拭きするという提案を行いました。

　この交渉が成立し、しばらくの間はその空間だけを担当して雑巾がけをしました。馴染んできたころを見計らって、今度は両手拭きを提案しました。最初は「１回だけ」というＤさんの要求どおり、１往復だけの両手拭きでしたが、その後、様子を見ながら交渉する仕事量を徐々に増やしていくことに成功しました。

　またＤさんは、友だちの机に触れることがなかなかできませんでした。これについては、教師と一緒に持ち運ぶことを提案すると、折り合いをつけることができました。そして教師が橋渡しをすることによって、ほかの生徒とも一緒に友だちの机を持ち運ぶことができるようになっていきました。

　Ｄさんは日によって調子がよかったり悪かったりしたため、どうしても仕事を選択できないこともありました。そのようなときには、仕事を代行してもらう友だちを自分で選んで依頼し、「ありがとう」とお礼を言うことを提案しました。頼まれた友だちは、Ｄさんのお願いを快く受け入れてくれましたし、それに対してＤさんも、きちんとお礼を言うことができました。

　Ｄさんは、選択した仕事をひとつだけでもすることができると、反省会にも表情よく参加することができました。これを繰り返しながら、自分が選択した以外の仕事も、清掃の流れの中で自然とやっていることが増えていきました。

（3）言葉で伝える力を育てる〈安定期〉

ある日の体育の時間です。

　　担任「今日は、ランニングする？」

　　Dさん「……」

　　担任「何周する？」

　　Dさん「……」

　　担任「1周だけする？」

すると、Dさんは問いには答えず、体育館に行って1周だけ走ると、すぐに教室に戻ってきました……。

はじめのうち、Dさんとの提案・交渉は調子のよいときでもこのような感じでした。こちらの提案はほぼ理解しているのですが、それに対する答えは、言語ではなく行動のみで反応することが多かったのです。

そこで、自立活動の時間の指導の中で、次のようなコミュニケーション学習に取り組みました。

① 簡単な質問に対して「はい」「いいえ」で答える学習
② 絵カードや文字カードを使って2択・3択で答えを選ぶ学習
③ 「いつ」「どこで」「何が」「誰が」「何を」の質問に、単語で答える学習
④ ①～③の質問に慣れて、ある程度答えることができるようになってきたら、質問者と回答者の役割を交代して練習
⑤ 質問カードを教室の机いっぱいに並べて、ジャンケンで質疑と応答を交代しながら、ゴールを目指して進むゲーム

提案・交渉型アプローチは、子どものコミュニケーションスキルに合わせて行うべきかと思いますが、卒業後の生活を見据えれば、子どもがストレスを言語化できるよう、子ども自身のコミュニケーションの能力を高めていくことも重要であると考えます。この取り組みの結果、「〇〇をください」「〇〇します」など、Dさんからの要求の言葉が、日常的に頻繁に聞かれるようになりました。

(4) Dさんの変容

　提案・交渉型アプローチに取り組んだ２学年時のほぼ１年間（回復期）は、本来できると思われる学習や活動の半分以下の内容を選択し続けたDさんでしたが、家庭での献身的な努力もあって、少しずつ心の安定や自信、そしてエネルギーを取り戻していく様子が見られました。

　３年生（安定期）になったころには、難しくなっていた学習や活動のすべてに、再びもとどおりに参加できるようになっていきました。下校時に30分以上の時間がかかっていた着替えも、友だちと一緒に決められた時間内でスムーズにでき、保護者の迎えの車に時間どおりに乗り込むことができるようになりました。朝の登校しぶりも激減し、担任が自宅まで迎えに行くこともいつしか不要となりました。

　図２は、１年時と３年時のDさんについてとったTRF（教師用子どもの行動チェックリスト）の結果です。１年時には、「ひきこもり」「身体

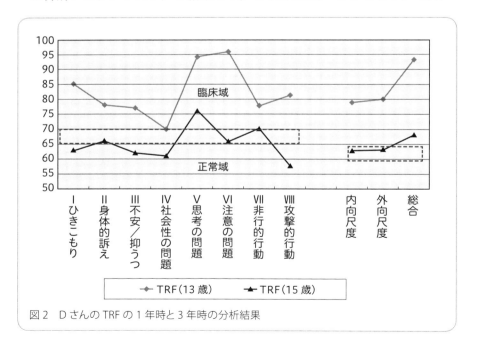

図２　DさんのTRFの１年時と３年時の分析結果

的訴え」「不安／抑うつ」「社会性の問題」「思考の問題」「注意の問題」「非行的行動」「攻撃的行動」のすべてが臨床域でした。しかし、中学3年時には、1年時と比較してすべての領域で改善しました。

5. 考察——提案・交渉型アプローチの有効性

　Dさんに対して、提案・交渉型アプローチの指導を行ったことは、次の点で有効でした。

（1）いついかなるときでも、自分は自分の行動を選択でき、先生は自分の行った選択を尊重してくれるということに気づくことは、Dさんの心を安定させました。選択できたこと、選択に沿って行動できたことを評価され、認められる体験を積み重ねることで、Dさんは徐々に自信を取り戻しました。自分の行動は自分で選んで決めるという学習は自立を促し、選択したことに対する責任感を育むことにもつながりました。

（2）学習の課題や活動は多くの要素を含んでいて、苦手といってもその要素のすべてに取り組めないわけではありません。Dさんは、それらの要素を分けて捉え、理解することが苦手でした。だから、課題や学習をもっと小さな要素に分け、要素ごとの関係や流れを視覚的に具体的に示してあげることで、自分にも参加できそうな部分があることに気づくことができました。

（3）自分の選択の結果を予想するのが苦手なDさんに、次にどのような展開が待っているのかを具体的に示すことができました。選択の際に、ある程度の見通しがもてるようになり、その結果として、選択する力も少しずつ確かなものになっていきました。

（4）自分で選択して約束したことが確実にできたことが実感できて、そのことが認められたという経験を積み重ねていく中で、Dさんは自信を深めていきました。その結果、徐々に難しいことにも挑戦するよう

になりました。
（５）自分にはできそうもないと思われる課題であっても、そこから逃げ出すという方法だけでなく、先生や友だちに助けてもらったり、別の課題で代替したりと、いろいろな解決法があるのだという柔軟な考え方があることに、Ｄさんは気づきました。また、助けてもらうときには「お願いします」、助けてもらったら「ありがとう」と言うなどのコミュニケーションも実質的に学習できました。
（６）自閉症スペクトラム障害の特徴のひとつであるコミュニケーションの苦手さがあり、とくに自分の意志や気持ちの表出が苦手なＤさんでしたが、自分の思いは何らかの形で他人に伝えたほうがよいし、そのために言葉が有効に働くようだということに気づいたようです。

　もともとのストレッサーは家庭環境の激変だと思われますが、そのストレスに長期間さらされることで、Ｄさんのエネルギーは心身ともに低下し、自信や意欲を失い、これまで難なくできていた学習や活動であっても大きな負荷を感じるようになり、体育や校外歩行などのエネルギー負荷の高い学習から順に、参加できなくなっていったのではないかと思われます。すなわち、学校においては、体育などの学習が新たなストレッサーとなってしまったのでしょう。
　Ｄさんの場合は、不適応状態が著しく、しばらくの期間、選択したり、交渉に応じたりできる状態にはありませんでした。でも、その期間にあってもＤさんの気持ちに寄り添おうとする教師の共感的な働きかけを感じとり、安心感や信頼関係が高まり、大切にされているという感情も少なからず高まったものと思われます。
　また、提案・交渉型アプローチの中で、物事のさまざまな捉え方や対処行動のバリエーションを広げることができましたし、対処行動のひとつとして、できないことを友だちに頼むという方法を学習しました。同時に友だちから承認されたり、評価されたりする経験もできました。こ

れらすべてが、Dさんのストレスの軽減につながったのではないかと推測されます。

　自分で選択して約束したことが確実にできたことが実感でき、さらにそのことが認められると、わずかずつであっても達成感を積み重ねていくことができます。この結果、Dさんには一度は不可能とあきらめていたランニングなどの課題に対しても、すぐにはあきらめずに挑戦しようという姿が見られるようになりました。そして、そのほかの学習や活動においても徐々に難しいことに挑戦できるようになっていきました。

　一時は、校外に出かける学習の一切に強い抵抗を示したDさんでしたが、3年生のときに実施した東京ディズニーリゾートへの2泊3日の修学旅行を心から楽しんだことは、記念に撮ったたくさんのスナップ写真の笑顔あふれる表情が物語っています。

事例 5
登校しぶり・学習意欲の低下が改善された LD の E さん（中学）

1. 子どもの実態と状況

　中学3年のEさんは、通常学級に在籍していました。「LD判断のための調査票」（LDI-R）の結果から、学習障害のある可能性が高いことが認められましたが、身体能力に問題はなく、日常会話にも支障はありませんでした。登校しぶりが見られ、残酷なニュースに強い関心を示し、武器や残酷なゲーム、アニメなどの影響もあり、日常生活でも攻撃的な面が目立ち始めました。
　TRF（教師用子どもの行動チェックリスト）を行い、問題の特徴と深刻度を計った結果、心理社会的不適応が認められました。中学2年時、TRFの値が臨床域にあったのは、「思考の問題」「非行的行動」「外向尺度」「総得点」、境界域にあったものは、「注意の問題」「攻撃的行動」「内向尺度」でした。
　強迫観念や自意識過剰などの思考の問題を抱え、嘘をつく、遅刻、怠学、攻撃性の高まりなど、集団の中では「生きづらさ」があり、登校をしぶるようになったものと考えられます。
　母親によると、家族は仕事が忙しく、Eさんと一緒に過ごす時間も、会話する時間もあまりとれていないとのことでした。

2. つまずき・行き詰まっていること

①登校しぶり
②低い自己肯定感、自分自身の否定
③学習意欲の低下
④学校行事への不参加
⑤心理社会的不適応
　読み書きや計算などにおける学習障害が根底にあり、学習上の困難を

感じることが多かったものと思われます。徐々に自尊感情や学習意欲が低下し、不安が高まったのではないでしょうか。攻撃的な言動も不安からきていたようです。学校行事にも参加できないことが増え、登校しぶりも見られるようになりました。私たちは、これらの行き詰まり感に対処するために、提案・交渉型アプローチによる支援に取り組みました。

3. 提案・交渉に至るまでのプロセス

ステップ① 登校しぶりへの働きかけ

　Eさんは、入学当初から無断欠席や遅刻が多く、注意してものらりくらりとかわして、改めようという様子はうかがえませんでした。学校では目立って反抗的な態度は見せませんでしたが、家庭ではとくに母に反抗しているとのことでした。中学2年の11月ごろからは、担任が家庭訪問をしても会えないことが多くなってきました。

　家庭に連絡を入れても登校しない日が続き、家庭でも無理に学校に行かせることはしないとの方針で、その後、学年が変わって3年生の4月から全く登校しなくなりました。

　担任が家庭訪問した際には、「明日から登校する」と言いながら登校には至りませんでした。担任と話をすることは嫌がらなかったので、家庭訪問を何度か繰り返し、会えたときにひととおり世間話をしたあと、過度な登校の促しはしないように心がけ、「どうしたら登校できるかな？」という問いかけから本題に入りました。本人もずっと登校しないわけにはいかないと、心のどこかで思っていたようで素直に話に応じました。

　そこで、毎日登校するように強要しないで、「3日続けては欠席しない」ことを提案しました。教室に入れなければ、保健室や、相談室への登校も認めることにしました。それも難しいときは職員室に顔を見せに来るだけでもよいということで、本人も納得しました。万が一、3日続けて登校しない場合は、家庭訪問するということも受け入れました。E

さんは家庭訪問されることをとても嫌がってはいましたが、職員室に来ることは高いハードルではないようでした。

その後、教室での学習には参加できないものの、芸術、体育、技術家庭の授業には参加することもあり、保健室・相談室・職員室登校も含めて3年生の9月からは3日連続して欠席することはなくなりました。

ステップ②　得意な物づくりを生かした取り組み

Eさんは、机上学習に抵抗があったためか、何も持たずに登校していましたが、ポケットに大きな裁ちばさみを入れていたことがあります。担任が発見し、「私のはさみはよく切れないから、それ、貸してくれない？」と言うと、素直に差し出しました。また、身近な新聞紙や段ボールで槍や刀をまねた武器などを作り始めました。新聞紙を丸めて作ったボールの中に画びょうを入れていることもありました。人にぶつけることはありませんでしたが、注意すると不服そうな表情を見せました。

戦争や殺人などの残酷なニュースや映像に深く共鳴し、武器や残酷なシーンを絵にすることが増えました。毒物やダイナマイト、兵器など

についても詳しく語りだし、銃や刃物にも強い関心を寄せ、身の回りの段ボールや木材の切れ端、折れた木の枝などで木刀や銃をかたどった物を作成して学校へ持ってくるようになりました。

　創作意欲を何とかよい方向に生かせないものかと考えた結果、技術室にある木材や機材を使って、作りたい物を作ることを認めることにし、技術室の外には持ち出さない約束をしました。Eさんは、それを受け入れ、意欲的に創作し始めました。手の空いた教職員が交代で技術室を訪れ、その技術をほめました。本人は満足して、得意げな様子でした。

　武器も思う存分作っただろうと思われたので、「それだけの技術があるなら、花壇で使うプレートを作ってくれないか」と提案したところ、仕方ないな、というような態度ながらうれしそうにプレートを作成しました。自分の作品が感謝して使われることで、自分も必要な人間なのだという思いを感じているようでした。

　その後、本棚や踏み台など教職員のリクエストに応えて、人の役に立つ物を作るようになり、武器は作らなくなりました。周囲から感謝されることが増え、受け入れられていることを認識していくうちに、自尊感情が育まれた結果だと考えらえます。

ステップ③　学習への取り組み

　Eさんは学習に対する苦手意識が非常に強く、授業に出席することに激しい抵抗を見せていました。授業中の課題も家庭での課題にも全く手をつけない状態でした。

　相談室登校ができるようになってから、机上の勉強ではなく、生活に密着していることから身につけていこうと提案しました。日常生活に直接結びつくような学習には、教科の学習では見せないような前向きな姿勢が見られたからです。

　本人と保護者は、二輪の運転免許の取得を強く希望していたので、教則本を使って、読書することを提案すると、本人も意欲を見せました。

また、ゲームやプラモデルの説明書などを学校に持参し、担任に説明を求めることもありました。その都度、人にたずねるのは不便だと感じていて、自分で理解したいということももらしていました。

途中、学習に気分がのらないときは無理をさせず、本人のペースに合わせて学習を進めました。そのうちに、読めるようになるには書くことも必要だと自ら言い出し、漢字の練習にも取り組み始めました。

その結果、運転免許を取得するのに不自由しない程度の、基本的な読み書きや読解力を身につけることができました。卒業後、見事に運転免許を取得できました。その免許証を持ってお礼のために学校を訪れてくれたこともつけ加えておきます。

ステップ④　学校行事への参加

行事に関しても、積極的な発言は一切ありませんでした。「行きたくない」「行かないほうがみんなにとってもいいだろう」というものばかりでした。しかし、行事の時期が近づくと、自分からその話をすることが多く、言葉の端々には、「やってみたい」「みんなと同じことをしてみたい」という思いが見え隠れしていました。

中学校生活の最後にあたり、もっとも彼女の心にひっかかっていたのは卒業式でした。クラスメートと過ごす学校生活の終わりを痛感しており、寂しさを口にすることもありました。しかし、卒業式に出席するのは、不安に思うことが多いようでした。友だちのことは気になるが、自分のことを聞かれることは嫌だったようでした。とくに卒業後のことなどは話したくないと言っていました。

　卒業式は誰にとっても、緊張したり不安になったりするものだということを伝えました。また、練習から当日までの具体的なスケジュールや内容の書いてあるプリントを渡し、本人が見通しをつけられるようにしました。その中で、参加できる練習を選択・決定してもらうことにしました。すると参加できると選んだ練習が複数ありました。結果的にほとんどの練習に参加することができたのです。また、練習に参加するために生活を調整するという、うれしい効果もありました。

　卒業式にも出席し、式が終わったあと職員室に立ち寄り、卒業式に出席したことを自らアピールし、教職員と楽しそうに歓談していきました。そのとき、はにかみながら、「(母校が) この学校でよかったよ」と言っていました。

ステップ⑤　心理社会的不適応状態の改善

　これら４つのステップを経て、中学３年の３学期には、心理社会的不適応状態を改善することができ、問題行動はなくなり、将来を前向きに考えられるようになりました。

5.　考察——認められ感謝される体験が心理的安定につながる

　提案・交渉型アプローチを用いた支援によって、Eさんには大きな変容が認められました。それは、主体的に学校に来ることが増えたこと、日常生活に必要な読み書き、運転免許を取得するための実務的な学習に

取り組めるようになったことです。

　武器作りに傾倒し、敵意や攻撃性が強かった時期のことを振り返ってみると、Eさんは、周囲から理解されず、受け入れられていないと感じていたのではないかと思います。そのための自己防衛的な行動であったのかもしれません。

　本人は少しずつ変容していきました。作った作品が認められ、感謝されるという体験の積み重ねも重要であったものと考えます。それが、すべての教職員とも深くかかわることにつながり、また、同年代のクラスメートからの理解や共感を得られたことで、本人の自尊感情を高め、心理的な安定に寄与したものと考えています。

　その結果、学習意欲が向上し、生活行動の改善にもつながっていったと考察できます。心理社会的不適応が克服されたことは、TRFの尺度がすべて正常域になったことで裏づけされていると考えています（表）。

	中学2年	中学3年
検査者	報告者（特別支援コーディネーター）	報告者（特別支援コーディネーター）
臨床域（71以上）	思考の問題（75）、非行的行動（73）	
境界域（67-70）	注意の問題（68）、攻撃的行動（67）	
正常域（66以下）	ひきこもり（66）、身体的訴え（50）、不安／抑うつ（58）、社会性の問題（65）	すべて

※内向尺度、外交尺度、総得点の領域範囲は、上記尺度のものとは異なっている。

臨床域（64以上）	外向尺度（68）、総得点（68）	
境界域（60-63）	内向尺度（61)	
正常域（59以下）		すべて

表　TRF（教師用子どもの行動チェックリスト）の比較

事例6

ひとりでバスに乗れたアスペルガー症候群のFさん（19歳）

1. 背景

　障害者の就労を考える際、一般的に、障害のある人は不器用、ゆっくりで生産効率がよくない、簡単で単純な作業が適している、保護されるべき存在と考えている人が多いのではないでしょうか。専門家はもちろん、支援者、受け入れ企業、家族、本人でさえもそのようなイメージをもっている人が多いようです（実は私も以前はそう考えているひとりでした）。また、発達障害のある人たちの中には、定型発達の人と比べて発達の凸凹が大きいため、学習面や社会性などで苦手な部分を否定され続け、不安や行き詰まりから不登校やひきこもりなどの二次障害に陥り、自分はダメな人間だと思っている人もいるのではないでしょうか。

　それが大きな間違いだったと気づかせてくれたのは、一緒に働く障害のある人々でした。

　私の経営する精進料理と葬儀用の団子を製造する会社は、創業当時から福祉作業所とつきあいがあり、ほとんどの作業を委託しています。また、13年前より小さな自社工場で、作業所やひきこもり支援センターの利用者を「施設外就労」という形で週2回受け入れています。その他、パートと家族、合わせて17名ほどが、狭い工場で汗を流しています。

　できるだけ得意な作業につかせ、小さな配慮や工夫を重ねながら一緒に作業を繰り返してきました。どの人も一様に、技術の向上とともに自己効力感がアップし、それに伴う賃金の向上によって趣味や楽しみを見つけるなど、社会的にも人間的にも大きく成長し、会社にとってなくてはならないパートナーとなっています。

2. 子どもの実態と状況

　Fさんは、小学校高学年より不登校となり、自宅にひきこもっていました。2年前、ひきこもり支援センター（以下センター）に来所し、センターで紹介された精神科で「アスペルガー症候群」との診断を受けました。また、社会不安もあることから、月に一度の通院と服薬を続けています。

　1年余り前、センター長より私の会社に「社会経験を積む目的で就労体験をさせたい」との依頼があり、もうひとりの男性（K君）と共に来社しました。Fさんは表情もなく会話も全くありませんでした。体格はまるで小学生のようにか細く、体力もないことから、最初は月に一度の1時間の作業も苦痛なようでした。作業は団子をピラミッド状に積み上げる仕事でしたが、パートさんがひとり付き、すべてお膳立てをして練習しました。

　数か月の就労体験（月1度、午前中1時間の作業）のあと、Fさん、K君から週2回（午前中2.5時間）の作業に参加したいとの申し出がありました。支援員の話では、Fさんには通信制高校進学の目標があり、受験その他の費用を自分で調達したいという希望があります。現在、地元の学習指導教室で勉強中であり、筆算の繰り上がりでつまずいているとのことでした。

　これらのことから、私とセンターが連携し、就労を通じてFさんの知識、社会性を身につけるための支援をすることとなりました。

3. つまずき・行き詰まっていること

つまずき、行き詰っていることは、図1に示したように、
- 体力がないので1時間の作業が苦痛であること。
- 会話、返事などのコミュニケーションができないこと。
- 人前で食事ができないこと。

継続就労で自然と身につくこともある

当初（月に1度、1時間）　→　1年後（週に2回、2.5時間）

行き詰まっていること
- 体力がないので、1時間の作業も苦痛。作業中にふらついたりする
- 会話、返事などのコミュニケーションができない
- 人前で食事ができない

- 長期の不登校のため、学力面・社会面に課題がある
- 筆算でつまずきがある
- 通信制高校へ進学の希望がある

改善されました
- 作業ができる体力がついた。ふらつきも解消された
- 表情も出てきて、声かけにも小さな声で返事ができるようになった
- 人前でおやつや昼食が食べられるようになった

- 勉強が楽しいようで、昼休みに宿題をしたり本を読んだりしている
- 筆算ができるようになり勉強に励んでいる
- 高校に入学した

図1　つまずき、行き詰まっていること

　私とパートのみなさん（支援者としての経験のある方たち）は、毎回作業終了後にお茶を飲みながら、その日の作業で気づいたこと、問題点、どうしたら問題を軽減できるかを話し合います。就労が始まるにあたり、センターの支援員さんからの話、今までの障害者支援経験とFさんの作業

の様子から以下の支援策を話し合いました。

【支援策】
＊蒸し器の中の団子の配置をペンで書くなど、視覚支援を行う。
＊あいさつや返事は、自然にできるようになるまで無理に指導や強要はしない。そのままを受け入れる。
＊朝来たら、その日の調子を聞き、朝食が済んでいないときは、お茶や菓子を出す。
＊しんどくなったら、事務所で休んでもいいことを毎回伝える。
＊作業の間におやつの時間があり、お茶、菓子を食べる。Fさんは、常温のお茶しか飲めないので、それを用意するとともに菓子は食べられるものを用意する。みんなと一緒に食べられないときは事務所で食べる。
＊仕事はできるだけ本人の得意、好きな仕事につかせる（障害の特性に仕事を合わせる。できない仕事を分化させ、仕事をつくる）。
＊団子の積み上げ作業が気に入っているようなので、作った団子の数をホワイトボードに書き入れ、筆算する作業を入れる（筆算でつまずいているため）（図2）。

図2　筆算を必要とする作業

Fさんは1年余りの継続就労で作業を継続できる体力もつき、環境にも慣れ、表情もやわらかくなってきました。作業中のパートさんの声かけにも小さい声で返事ができるなど、周りの人とコミュニケーションがとれるようになり、ほかの人と連携して仕事ができるようになりました。仕事はゆっくりですが、丁寧に仕上げられるようになり、自信もついてきました。みんなで連携して働くことで人間的に成長し、行き詰まっていたことが自然とできるようになったのだと思います。リラックスできる環境の中で、知らない間に、みんなと食事ができるようにもなっていたのです。

Fさんがひとりでバスに乗れるようになる

（1） 成長したことで出てきた新しい行き詰まり

　1年余り経ったころ、一緒に作業に来ていたK君が午後まで1日仕事ができるようになり、一般就労をすることになりました。そのころからFさんは、それまで午前中2.5時間だった作業時間を午後2.5時間もやってみたいと思うようになりました。

　しかし、センターの送迎車はお昼に来ます。午後も仕事をした場合、自分で路線バスに乗って帰宅しなければなりません。Fさんはひとりで公共交通機関を利用したことがありませんでした。一度だけ午後からの作業に参加して、バスでの帰宅を試みましたが、パニックを起こし、それ以降半年近く、午前中のみの作業に戻っていました。

（2） バスにひとりで乗るための提案・交渉

　センターの支援員さんから相談を受け、バス通勤のストレスの原因は何だろうと考えてみました。Fさんはまだうまくコミュニケーションがとれないので、こちらで相談し、次の3つが大きな原因ではないかと考えました。

①バスはなかなか時間どおりに来ません。発車予定時間が過ぎても来ないバスをドキドキしながら待ち続けるFさんの気持ちが想像できました。
②バスの乗車口で番号が印字された整理券を取って、乗り込みます。動き出すとバス停ごとに、番号の運賃が変わります。自分の降りるバス停が近づくと、降車ボタンを押し、運賃表と番号を照らし合わせながら運賃を割り出し、降りるときに小銭を運賃箱に入れます。小銭がないときは、お札を機械に入れ、両替をしてからお金を支払います。降りるお客さんが順番に並んでいるので、戸惑っていると迷惑がかかるなど、たくさんのストレスが存在することが分かりました。
③バスの中は、エンジン音、話し声、車内アナウンスなど、いろいろな雑音があります。Fさんにはストレスが大きいのではないかと考えました。

解決方法として、
①バス停まで私が一緒に歩いていき、バスが来て乗り込むまで見届ける。到着先のバス停ではセンターの支援員さんが迎えに行く。
②バスの回数券を購入し、帰る間際にその日の分を渡す。そうすれば、降りるときに券を渡すだけでいいので、ストレスが軽減される。
③車内の雑音は、イヤホンを付けて音楽などを聞くことにより、軽減されるのではないか。

後日、Fさんの調子のよいときを見計らって、提案してみました。
ゆっくりと時間をかけて説明し、「どう？　一度やってみる？」と言うとFさんは、こっくりとうなずきました。「じゃあ、回数券買っとくわね。自分がやってみようと思ったときは支援員さんに言ってね」と声かけをすると、Fさんの顔つきが明るくなりました。
数週間後、支援員さんから連絡をもらい、実行してみました。結果は大成功でした。「無事着きました」と支援員さんから連絡をもらったときは、パートさんと「やったね」と喜び合いました。Fさんは数か月後には

工場からひとりでバス停まで歩いていき、バスに乗り、降りたあともセンターまでひとりで歩いていけるようになりました。

(3) 待つということ

Fさんが、バスの乗車練習に失敗して半年、私たちはチャレンジしたことをほめ、ときどき提案しながら動き出すのを待ちました。待つことは大変です。しかし本人の内面では、揺れ動きながら、考えに考え、いろいろな芽を育んでいるのかもしれません。とくに就労の場面では、さまざまな提案、交渉、配慮を繰り返しながら、可能性を信じて辛抱強く待つということがとても大切だと感じています。

4. 考察——見えない心の成長を支援する

(1) 地域での連携の大切さ

この事例のもうひとつのポイントは、Fさんを取り巻く地域のいろいろな機関が連携して、それぞれの立場でFさんをサポートしたことです。ひきこもり支援センターを中心に、会社、医療機関、家庭、高校、学習指導教室などが連携して、それぞれが、それぞれの立場で真摯に役割を果たしサポートすることで、彼女は「自分は大切にされている」「自分は必要な人間だ」と感じることができ、心が安定し、自尊感情、自己効力感が高まったのだと考えます。

また、長い間の不登校で、彼女の内面に、高校で勉強したい、本が読みたい、将来やりたいことがあるなどの強い希望が育っていたことが、支援によってよりよい方向に働いたのではないでしょうか。

(2)「さなぎの時代」の大切さ

ひきこもりの時期もそうですが、悶々とした、動こうにも動き出せない時期を、私は「さなぎの時代」と考えています。さなぎはその場で

じーっとしていて、外からは何の変化もないように見えますが、内では毎日毎日変化し、成長しています。そして、満を持して地上に飛び出して行くのです。その間に動かしたり触ったりすると、その部分がうまく成長しなくなるといわれています。ひきこもりの人もその間、挫折し、落ち込み、考え、また落ち込み、考え、心の深い部分で自分について人生について考え、悩みながら、自分の気持ちに折り合いをつける作業を繰り返しているのだと思います。つまり、心の成長を続けているのです（図3）。

　人間にとって、人生にとって、無駄な時間というのはないということです。外から見れば、無駄に見える時間も、その人にとっては大切な成長の過程であるということです。いつ終わるかわからない「さなぎの時代」を、そばにいて注意をそらさず黙って見守るということは、本当に

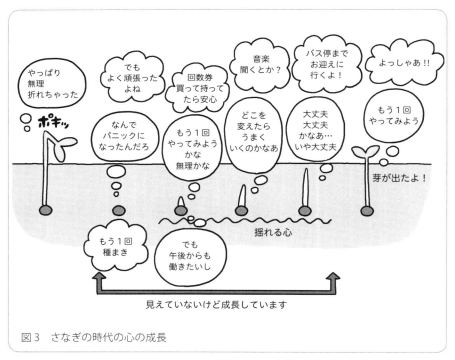

図3　さなぎの時代の心の成長

難しいことですが、花開く日が来ることを信じて寄り添ってあげてほしいと思います。

（3）食べることは大事

昨年から、作業日の昼は近くの店から弁当をとり、みんなで同じものを食べています。それまでは食べなかった人も、パン1個で済ませていた人もみんな弁当を食べるようになり、とても好評です。おかげで午後からの作業もみんなしっかりとできるようになり、Fさんも4時半まで作業や掃除ができるようになりました。ご飯をきちんと食べることはとても大切だと感じています。

（4）こだわりを生かす

発達障害のある人の中には、その人特有のこだわりが強い人がいます。私の工場では、こだわりをなくすのではなく、こだわりを生かした仕事についてもらっています。例えば、食品製造などでは欠かせない、食品の検品や作業工程のチェックなど、指導しなくてもきちんと行えます（チェックが厳しすぎてほとんどが不良品となったとパートさんから苦情が来たこともありますが）。

また、できない仕事も2つに分けるとできることもあります。不得意な仕事は、話し合いで別の人も担当し、連携して動くことで能率が上がることもあります。仕事に人を合わせるのではなく、人に仕事を合わせると、作業のストレスが軽減されると考えます。

（5）発達障害の子は「みにくいあひるの子」

私がスクールカウンセラーだったときに、ある小学校で、発達障害の講演を聞いたお母さんが、発達障害の特徴を書いた資料を持って、「うちの子、全部あてはまっているんですー」と泣きながら来られました。「いやいや、多かれ少なかれ子どもはみんないろいろな個性やこだわりをもっ

ているんですよ」と話しましたが、もったいないなあと私は思います。支援の仕方によっては、可能性はいくらでも広がるのに。むしろ発達凸凹の凸の部分を生かせば、すばらしい可能性のある人が多いのにと。

　なぜか日本の社会は、普通とかみんな一緒が好きです。みんなと一緒じゃない子は、みんなと一緒にするために、できないことばかりに焦点を当てた指導を受ける。その結果、自信をなくして、社会に出ることに不安をおぼえる。

　みんなと違った「みにくいあひるの子」は、美しい白鳥の子でした。もしお子さんが発達障害と診断されても、落ち込んでばかりではいけません。いろいろな診断をされても、ひとりひとり困り感や支援のニーズは違います。子どもから教えてもらうという謙虚な気持ちで、また、「うちの子のいいところどこだろう」と、いいところ、得意なところを探してほめ、提案、交渉をし、寄り添いながら子育てをするならば、子どもはきっとあなたにとっての白鳥になってくれると思います。

（6）障害や個性をそのまま受け入れる

　Fさんはまだまだ成長過程にあります。パートさんからは、「もう少し大きな声が出るといいな」という目標ももらっています。現在、支援を始めて1年余りが経過しており、春からは通信制の高校へ入学しています。私と彼女は、卒業後の就職を視野に入れ、電車による通勤の練習中です。彼女はこの先、自立に向けてさまざまな課題をクリアしなければなりません。しかし、きっと乗り越えられると確信しています。

　現在、工場には発達障害、場面かん黙、自閉症スペクトラム障害、統合失調症などいろいろな課題をもった人が作業に参加しています。みなさん一様に作業を継続する中で、体力、気力がつき、笑顔が出てきて、2年もすると、パートさんと変わらない仕事ぶりを発揮してくれます。また、仕事が充実してくると、高校進学を目指したり、休学していた大学に復学したり、コンサートに行くなど夢を実現させたりする力がつい

てきます。

　人は誰でも、働いてお金を稼ぎ、自由に生活をし、社会の役に立ちたいと考えています。障害があってもなくても、人間はみんな誰でも得意不得意があり、個性があり、好き嫌いがあるのです。こだわりや個性、発達の凸を生かし、支援や配慮の仕方によっては、どのような人もその人のもつ可能性を大きく広げることができると思います。

　その支援の方法のひとつが「提案・交渉型アプローチ」なのです。障害や個性をそのまま受け入れて寄り添う支援こそ、ひとりひとりの人生の質を高めることにつながると考えます。

事例7
相談する力と自分で解決する方法を身につけたGさん（高等部）

1. 背景

　発達障害のある子どもたちは、その独自の特性をうまく理解してもらえず、集団生活の中で失敗経験を積み重ねてしまうことがあります。環境との強い摩擦の結果、二次障害に陥ってしまった子どもたちは、みんな一様に不安が大きく、とても緊張の高い様子が見られます。

　不安に対処するコーピングスキルも、周囲の様子や経験から自然と学ぶということが難しいため、不安にうまく対処できず、心身の不調（お腹が痛い）や行動（不登校、暴力など）で周囲に訴えることが多いのです（図1）。小さな不安は大きな不安になり全体に広がり、「ひとつダメなら全部ダメだ」と一面的な基準や価値観で物事を捉えてしまう傾向も強いように感じます。また、失敗経験を積み重ねることで、自尊感情が低下してしまい、身動きがとれなくなってしまいます。

図1

そんな彼らに必要なのは相談する力や解決する力の向上です。人と相談することをとおして、問題対処のスキルを増やすとともに、物事に対する幅広い基準や価値観を知ることができます。

2. 子どもの実態と状況

Gさんは、小学校2年で不登校になりました。きっかけは「変わった子」といじめられたことでしたが、当時のGさんには、いじめられていることが自分で分かりませんでした。「トイレに行くにも見張られていて、私っていじめられていたんだなあ」と社会に出てから振り返っていました。その当時は、周囲の状況や人の思惑がつかみにくいGさんにとって、「なんかものすごくしんどいけど、なぜだか分からない」という状況にありました。そしてそのしんどさを、「学校に行きたくない」と、暴力や暴言でお母さんに訴えていたのです。

そんな「ものすごくしんどい状態」が小学4年まで続き、Gさんはついに学校に行けなくなりました。不登校期間が長く続いたあと、中学生になったGさんは、広汎性発達障害、社会不安障害と診断されました。そして、さらに長い不登校経験を経て、特別支援学校の高等部に入学してきたのです。

3. つまずき・行き詰まっていること

特別支援学校の高等部に入学して来たGさんは、ニコニコしたとても真面目な子でした。ルールはきちんと守り、口調もとても丁寧で、学校での姿は何の問題もないように思えました。しかし、Gさんには自分なりの思考の偏りがありました。「〜しなければならない」「こうあるべきだ」という観念が強く、それを少しも緩めることができませんでした。

例えば、苦手な数学の授業を頑張って受け、精神的に疲れてふらふら

になってしまったGさん。その次はもっと苦手な音楽の授業でした。机に突っ伏しているGさんに「そんなに疲れたなら、保健室で少し休んで充電したら？　音楽の授業も回避できるよ」と伝えると、「え？　保健室は熱のある子しか休んではダメと教わりました。私は熱がないので行けませんよ」と答えるのです。きっと小学校のときに「学校のルール」として、「保健室は熱のある人しか休めません」と教わったのだと思います。

　周囲の様子を見たり、ルールを上手に拡大解釈したりすることができていれば、「基本は熱のある人が休む場所だけど、体がだるかったり気分がしんどかったりするときも保健室は使っていいよね。ほかの人もそうしてるし」と、「気持ちが疲れたときにも保健室OK」「ちょっとだるいときにも保健室OK」と考えることができます。しかし、Gさんは周囲のことに目が向きにくく、ほかの人たちが、いかにルールを「ゆるく」解釈して動いているかに気づくことができません。他者からそのことについてわざわざ伝えられ、学ぶ機会がなければ、自分の中の基準を増やしていくということが難しかったのです。

　0か100かというの思考も強く、「ひとつダメなら全部ダメ」と物事を一面的に捉える思考パターンも見られました。しんどくても我慢して我慢して、その結果すべてを投げ出してしまうということを今まで繰り返してきました。自分の中に生まれた不安が何なのか、何が原因であるのかを特定できないまま、小さな不安が漠然とした大きな不安へと広がってしまい、その結果、身動きがとれなくなり、不登校になり、家庭では大声で暴れたり壁を殴ったりして、その苦しさを訴えてきたのでした。

　一見すると「真面目」に見えたGさんでしたが、実は一面的な自分の基準から抜け出せず、「融通が利かない」「力の抜き方が分からない」自分に対して、自身も苦しんでいたのです。おそらく小学校での集団生活の中でも、そういった融通の利かなさから人間関係に摩擦が起こり、動けなくなったのだろうと思います。

4. 提案・交渉に至るまでのプロセス

（1）不安の正体を突き止める

　高等部に入学して1か月後、学校では問題のなかったように思えたGさんがついに爆発しました。お母さんから学校に電話があり「学校やめますと言って家で暴れています」と言うのでした。頑張り続けてきたGさんの限界が来ていたのです。

　電話口ではGさんの怒鳴り声が聞こえていました。それは職員室内にも漏れ聞こえるくらいで、Gさんの学校での真面目な様子しか知らない先生などは、「あの声、Gさんの？」と目を丸くするほどでした。

　私たちは電話のあと、すぐに家庭訪問を行いました。2階にいるGさんの暴れる声と音は、階下まで響きわたっていました。部屋ではGさんが「嫌だ！」「死にたい！」「やめてやる！」と怒鳴り、壁を殴っていました。私たちはただ黙って、Gさんがクールダウンするのを待ちました。

　本人が訴えてきたときには、速やかな介入が「漠然とした不安」の膨らみを防ぎますが、爆発している最中は逆効果です。Gさんが落ち着いてくるのを見計らって介入することにしました。

　1時間ほど黙って待っていると、Gさんが落ち着いてきました。直接的に言葉をかけると本人にはしんどいので、私たちは独り言をつぶやくように話し始めることにしています。「学校やめたいんだね〜」と彼女の言っていることを繰り返すことから始めました。

　本人に対して「どうしてそんなこと言うの？」「そんなこと言わないで」と疑問や否定から入ると、私たちの話をなかなか聞こうとはしてくれません。また「どうして学校やめるって言うの？」と単刀直入に尋ねても、Gさんは答えることはできません。彼女の中で不安の根源が分からず整理もできていないので、言葉にすることが難しいからです。そこで、いつも子どもが言っていることを繰り返すことから会話を始めるこ

とにしています。

　「そうかあ、やめたいくらい嫌なことがあるんだね」と、「やめたい」という気持ちとその根源となる事実を分けて整理します。やめたいという彼女の気持ちを否定しているわけではないので、Gさんも受け入れやすく小さくうなずきました。

　「そうかあ、何が嫌なんだろうなあ。クラブかなあ」とつぶやきます。Gさんは小さく首を横に振りました。嫌なものを特定するための手順として、まずはGさんが絶対嫌ではないだろうと思うものからたずねます。絶対的に好きなもの（嫌でないもの）に対しては、「違う」と判断して言いやすいからです。このようにして、はっきりと原因ではないなと思うものからつぶしていきました。

　こうして、学校生活全般に広がってしまっているGさんの「不安」の根源は何なのかを整理することにしました。整理するうえで大切なのは、仮説による「選択肢」です。Gさんの日常や学校生活を思い出し、不安の原因を洗い出します。勉強、人間関係、クラブ、休み時間、通学、掃除、行事……ひとつずつつぶしていく中で、彼女はポツポツと「勉強は難しくない。通学は電車嫌だったけど慣れてきた……」と答え始めました。「友だち……大丈夫。男の子、M君が声かけてくるの……嫌」。

　今回の不安の根源は、苦手な後輩とのかかわりにあったことが分かりました。Gさんは「M君と会うと、悪魔のGが出てくる。チーンってなる」とキャラクターや擬音を使ってパニックになっている自分を外在化しました。

　ここまでのやりとりを紙に書き、私は悪魔のGのイラストを描きました（図2）。「悪魔のGが出て来るんだね」と伝え、「じゃあ天使のGもいるってことかな？」と聞くと、「そう」とGさん。

　やりとりするときは、そうやって「書く」活

図2　悪魔のGを描いてみる

第2章　事例でわかる提案・交渉のプロセス

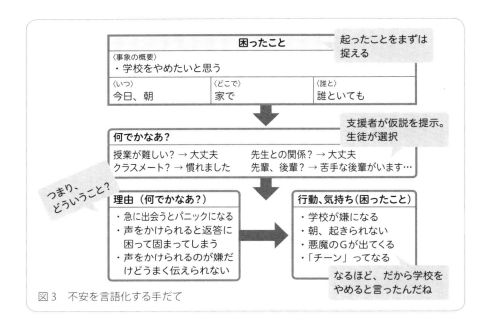

図3　不安を言語化する手だて

動を取り入れました。整理の助けになるようにワークシートを使うこともありました（図3）。不安を訴えたとき「何が（本人の表出していること）」「いつ（いつそんなふうに思う、行動するのか）」「どこで（どこにいるとそんなふうに思う、行動してしまうのか）」「誰と（誰といるとそんなふうに思う、行動してしまうのか）」と細分化して聞きました。

視覚優位の認知特性があるGさんには、彼女の話した言葉を文字にして紙に書くことで、より明確に認識できるという強みもありました。また再度不安に陥ったときも「こんな作戦立てたよね」とその紙を根拠に振り返ることもできます。

整理をした結果、楽しいこともたくさんあり、学校をやめたいわけではないけれど、問題を解決する方法が思い浮かばず、「学校やめます」と思い詰めてしまったことが、Gさん自身にも私たちにも分かりました。そこで、学校をやめるのではなく、M君に振り回されないためにはどうすればよいか、作戦を立てることにしました。

(2)「逃げ道」のある自己選択・自己決定

「すぐそこにある不安」の正体を見つけたGさん。学校生活全般に広がっていた不安が、ひとまずひとつに特定されました。ここでGさんに「学校生活すべてが嫌なのではなく、不安なのはM君と出会ったときのことだよね」と確かめたうえで、M君に出会ったときの対処法について、3つの選択肢を提案しました。選択肢は今のGさんでもできそうなことから、ちょっと頑張りを要するものまで用意しました。その選択肢を選んだときの見通しも一緒に示しました（図4）。

Gさんは、自分が選んだ選択肢の結果、自分にどのようなメリット、デメリットがあるかという見通しをもつのが苦手です。またそれが分からないと選択を躊躇してしまいます。そこで、選択したあとの見通しを丁寧に説明するようにしています。

そうして悩みながらもGさんは、「教室で絵を描いてクールダウンする」という選択肢を選びました。これで行こうと合意したあと、「決定はいつ

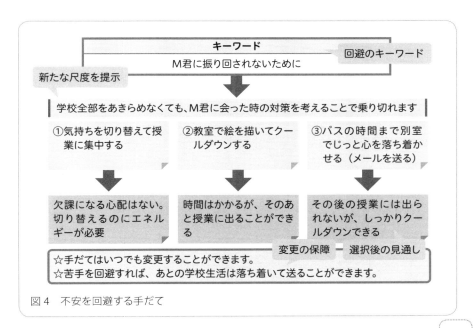

図4　不安を回避する手だて

でも変更できるからね」と伝えました。０か100かの思考が強いＧさんは、「自分が決めたのだからやらなければならない」と思い込みがちです。また見通しがもちにくいので、そのときは選択の結果を想像しにくく、今の自分にはハードルが高いものや、自分に無理を強いる選択肢を選んでしまったりします。

　そこで、あえて「選択後の変更はOK」だということを伝えます。「ダメなら変えればよい」のです。そうしたやりとりがまた、Ｇさんの一面的な尺度を広げることにつながります。

（３）トリセツ作り

　そうしてＧさんは、提案・交渉を繰り返しながら、自分が納得する方法で不安に対処し、問題解決を繰り返していきました。「解決できた」という体験を繰り返す中で、「なんだか相談すると解決できるな」と感じてもらえるようになったようです。また、解決を繰り返す中で、問題に対処するスキルのバリエーションも少しずつ増えていきました。

　こうして意識とスキルを獲得していったＧさん。不安を解決すると「よかった」と安心します。安心して楽になった実感が、また次の相談へのモチベーションにもつながりました。「これ貼っとこう！」と、私と相談して作ったワークシートを更衣室の壁に貼っておき、自分でお守りがわりに上手に使えるようにもなりました。

　そうして高等部の３年間を過ごす中で、不安になったら人に相談すれば解決できるという実感をもつにつれ、Ｇさんのパニックはほとんど見られなくなっていきました。それとともに、物事を見る基準が広がるにつれ「どうやら、ほかの人は、私とは違う考え方をするらしい」ということに気づき始めました。

　自分のことを見つめ始めたＧさん。自立活動における自己理解の視点も含め、卒業に向けて「自分のトリセツ」を作ることにしました。卒業後は社会で働くことが決まっていました。新しい環境になるとまた不安

定になることも予測されます。そうしたときにお守りとなり、見れば不安解決につながるツールがあればよいなあと考えました。自分を見つめ始めたGさんの自己理解にもつながります。中身は主に「私ってこんな人（長所と短所）」「私の好きなもの」「私の苦手なもの」「リラックスできること」「私のお守り」「相談できる人」などを書いてまとめ、手帳にしました。見ていると自分が落ち着く写真も挟みました。
　新しい環境では自己紹介の機会も増えます。自己紹介するときうまくしゃべれなければ配れるようにと、名刺を作り、作戦を立てました。名刺には、自分の好きなことや大切なものも一緒にのせました。そうしてお守りとなる手帳を手にして、「困ったらまた相談します」という言葉を残してGさんは卒業していきました。

（4）卒業後の相談

　社会人になり、夢だった調理の仕事についたGさん。高等部で身につけた不安対処のスキルを発揮し、頑張っていました。でも、全くの新しい人、新しい仕事、新しい環境に彼女はとうとう疲れ果てました。
　6月のある日、仕事から帰って来たGさんはパニックになりそうな自分を必死で抑え、お母さんに叫びました。
　「先生に電話して！！！」
　電話を受けた私たちはすぐに家に行き話を聞くと、職場でGさんのことを好きだと言う同僚がいて、うまく対処できずとても困っている、とのことでした。この不安に対しても提案・交渉で不安回避の方法を相談し、それを信頼できる職場の先輩にも共有してもらうことにしました。
　私たちの帰り際、玄関先まで見送りに来てくれたGさん。
　「あ〜、すっきりした！！」
　彼女が不安に直面したとき、パニックになりそうな自分を抑えながら相談という方法をとったこと、そうした自己コントロール感の高まりへの実感がその言葉に表れていたように思います。

5. 考察——相談しながら価値観の折り合いをつける

　発達障害のあるGさんは、一面的に物事を捉えがちで、価値観や尺度の幅も狭くなりがちです。Gさんと話していると、「そんなふうに考えるのか！」「極端だなあ」と思うこともしばしばあります。でもGさんにはGさんの論理や正当性があり、それは個人としてきちんと認められるべきで、むやみに否定されるものではありません。でも、その一面的な捉え方では社会で生きていくのが難しくなります。

　それまでの人生の中で壁にぶち当たったとき、Gさんは「そんなことはおかしい」と否定されたり、違うやり方を納得できないまま他者から押しつけられたり、「あなたの好きにしなさい」と周囲が言いなりになったりと、多面的な物事の捉え方を学ぶ機会を逸してきました。そのため価値観や物事の判断基準が一面的で広がらず、その結果、どうしてよいのか分からず、またパニックになるということを繰り返してきました。

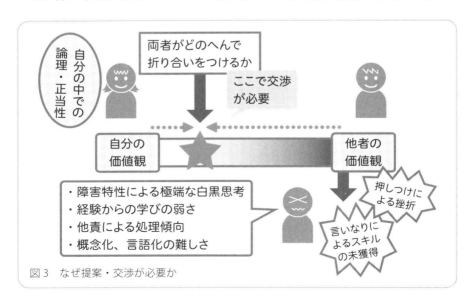

図3　なぜ提案・交渉が必要か

そんなGさんに必要なことは、自分の価値観と他者（社会や周囲の環境）の価値観の「折り合いをつける」ということでした。それは自分の価値観や判断基準を広げることにもなります。0か100かではなく、その間があることを実際に相談しながら不安を解決するなかで体得してもらうのです（図3）。

　Gさんは「特別支援学校に来て、先生たちは話を聞いてくれるなと思った」と言っていました。交渉という手段を用い、子どもの意見を受け止める中で、「この人は私をむやみに否定しない」という安心、安全感を築くこともできました。二次障害に陥り、傷ついた子どもたちには、まずはそうした安心感が絶対的に必要であったと思います。

　誰かに言われるから「する」「やめる」のではなく、逆に「やりたい放題にする」のでもない。自分が主体的に問題対処について考え、自分で選択していける権利が、どの子どもたちにもあってしかるべきだと私は思っています。

　最後に、「不安整理シート」「不安回避シート」の書き方例を「相談力」「解決力」が育つ4つの段階（図4）にあわせて紹介します。

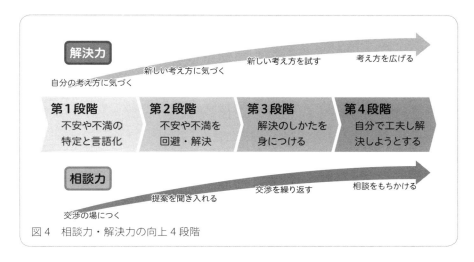

図4　相談力・解決力の向上4段階

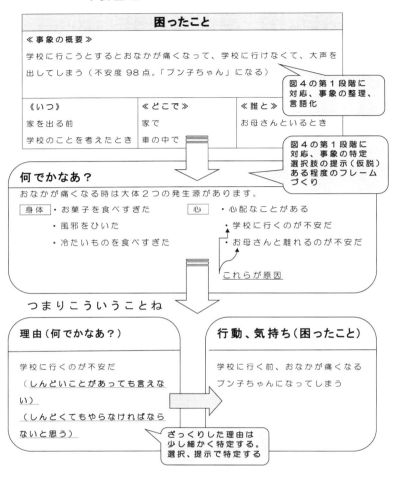

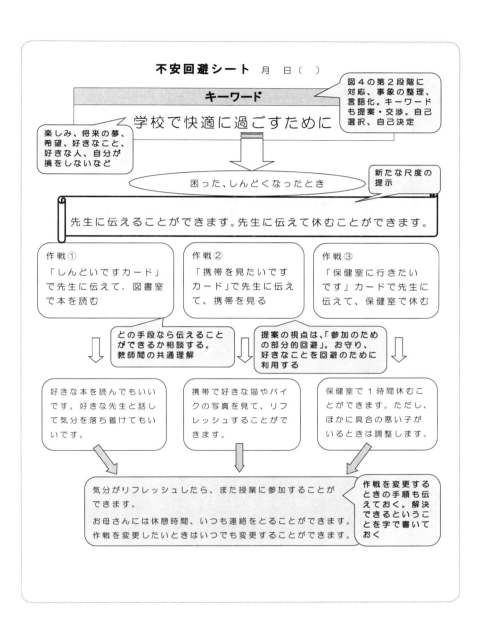

事例8

負の感情が整理できず自分の殻に閉じこもるHさん（中学部）

1. 背景

発達障害のある生徒たちからは、その生徒独自のものの見方や考え方が感じられます。二次障害で苦しむ生徒からは、その傾向の強さがさらに感じられ、それが生きにくさにつながっているように思われます。生徒たち自身が困っている「症状」や「引き起こされる感情・思考・行為」「困った状態への陥り方」にはパターンがあって、それが繰り返されている場合が多いように感じます。けれども、そのようなことに自分では気づけないでいるようです。

こういった困り感を抱えるHさんに対して、「感情の動き」「思考の流れ」「行為が引き起こされる過程」などを一緒に整理していく支援を行いました。

2. 子どもの実態と状況

Hさんは、特別支援学校中学部に在籍する3年生です。小学校高学年のときに、同世代の女子との関係のつまずきをきっかけに、1年半の不登校経験があります。初めて会ったときの印象は、礼儀正しく真面目でおとなしい女の子という感じでした。

しかし、その外見とは裏腹に、「完璧でなければダメだ」という考えから「〜ねばならない」と自分自身を追い詰め、限界まで頑張ってもうまくかないことが積み重なり、「自分だけがダメな人間だ」と思い込んでいました。何でもないことを悪い出来事のように思い込んで怒りを引き起こしてしまうなど、感情や考えが混乱した状態が続いていました。

3. つまずき・行き詰まっていること

- 物事を悲観的・被害的に捉えてしまいがちで、怒りや不安、不満などの負の感情を抱きやすく、その感情を内向きに抑え込むことでしか対処できず、自分の殻の中に閉じこもり、活動できなくなってしまう。
- 完璧でなければという思いから「〜ねばならない」と自分を追い詰め、オーバーワークを繰り返し、連続欠席につながってしまう。
- 他者からアドバイスされると「自分が責められている」と感じ、拒否感から欠席につながってしまう。

4. 提案・交渉に至るまでのプロセス

　Hさんの中で混乱している情報を整理するために、自分の心の動きに気づき言語化すること、対処法を考えられるようになることが課題であると考えて、最初の段階としては生活の振り返りの中で支援者とともにエピソードを整理する練習をし、そのときの感情に気づけるように支援していくことにしました。課題となる「心の動きの言語化」の方法とし

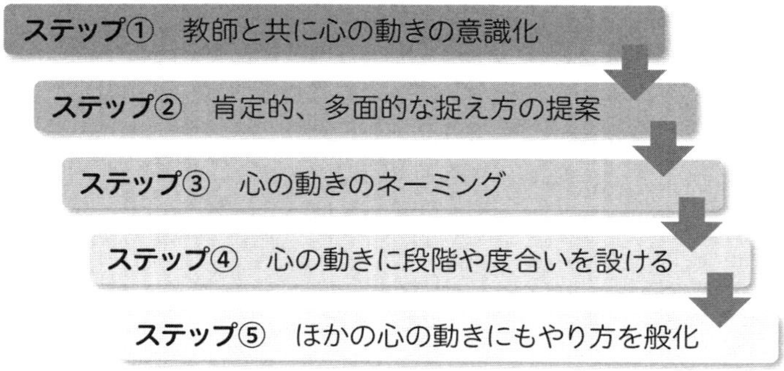

```
ステップ①　教師と共に心の動きの意識化
　　　↓
ステップ②　肯定的、多面的な捉え方の提案
　　　↓
ステップ③　心の動きのネーミング
　　　↓
ステップ④　心の動きに段階や度合いを設ける
　　　↓
ステップ⑤　ほかの心の動きにもやり方を般化
```

図1　心の動きを言語化する5段階

て、5段階を想定しました（図1）。

ステップ①　教師と共に心の動きの意識化

　ステップ①として、教師と共に心の動きの意識化をしていきました。

　ある日、自分の気持ちについては、ほとんど話さないHさんが、「英語の先生が、私に勉強の仕方をアドバイスしてくれたときに、腹が立ってしまった」と訴えてきました。そこで教師は、まず、なぜ腹が立ったのか「理由」をたずねました。

　Hさんは、「理由」については意識化できていないので、教師は、Hさんが自分では「理由」が整理できなくて困っている状態であることを前提として、

　①やり方を知らないのに一方的に言わないでほしい
　②そんなこと言われても私にはできない
　③先生は簡単そうに言うけど私には難しい
　④できないんだから放っておいてほしい

など、思い当たる理由をいくつか提案しました。

　Hさんは、②と③が当てはまると答えました。

　次に、そのときどんな行動をとったか聞いてみると、「怒ったことがわからないように顔を隠した」と答えました。そこで、顔を隠した理由についても予想できる例をあげて聞いてみました。

　①怒っている自分が嫌ですか？
　②自分を責めてしまうの？
　③自分の怒りが伝わらないようにしたいのですか？
　④怒らないようになりたい？
　⑤怒ると人に嫌われると思っているの？

　Hさんに、黙ったまま⑤を指さしました。「もしかしたらHさんは『怒ることはダメなこと』『怒ることは嫌われること』と思っている？」という問いに大きくうなずきました。

このように、最初の段階としては心の動きを協同作業で整理していきました。このとき、言葉のやりとりだけではなく、話したことを書き留めたり、図式化したり、簡単なイラストにしたりして視覚化したのが効果的であったと思います（図2）。

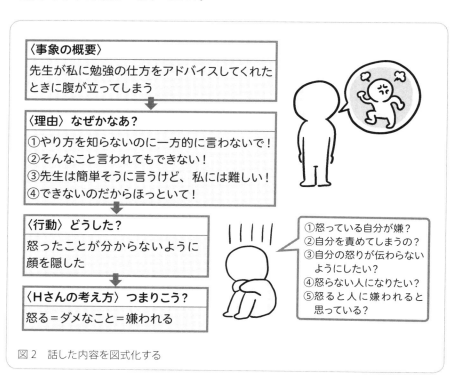

図2　話した内容を図式化する

ステップ②　肯定的、多面的な捉え方の提案

　ステップ②は、物事への肯定的、多面的な捉え方の提案をしていきました。Hさんの場合、「怒る」ことについては「ダメなこと」「嫌われるに違いない」という2つの捉え方しかありませんでした。
　そこで、「怒ると相手と距離がとれたりするよね」「怒ることで自分を守っているのかもね」「それって大事な感情かもね」など、Hさんの考え

の中にはなかった「肯定的な捉え方」を提案してみました。すると、「えっ?」という顔つきに変わり、「そんな考えもあるんですね」という言葉が返ってきました(図3)。

Hさんは、教師の何気ない言葉に「決めつけられている」「操作されている」と感じてしまうことが多いので、提案するときには、「もしかして~?」「~かもしれないね」「こんなふうにも考えられるけどどう?」など、曖昧さを残す言葉を使うようにしました。

図3　肯定的・多面的な捉え方を提案

ステップ③　心の動きのネーミング

ステップ③は、「意識化した心の動き」に名前をつける作業を行いました。

Hさんの捉え方では、怒りの感情と自分自身が癒着してしまっている感じなので、支援者が怒りの感情に対する対処法の話を進めようとする

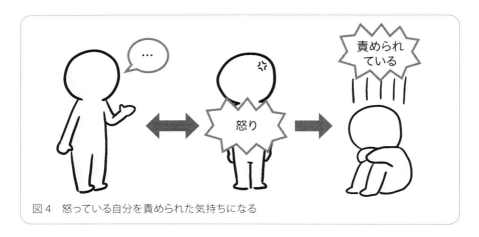
図4　怒っている自分を責められた気持ちになる

と、自分が嫌だと思っている「怒っている自分」について責められているような気持ちになり、向き合うことができませんでした（図4）。

そこで、自分の怒っている気持ちに名前をつけることを提案しました。このときも、いくつか例をあげながら自分がしっくりくる名前を一緒に考えていきます。Hさんは、自分の怒りの感情に「ぶりん」と名づけました。Hさんは、イラストを描くのが好きだと言っていたので、「ぶりん」のキャラクターを描いてみることも勧めました。

キャラクター化すると、自分と感情が切り離され、怒りの感情だけを客観的に見ることができ、扱いやすくなります。すると、「怒ってしまう自分はダメだから嫌われてしまうに違いない。どうしよう……」という他者が絡んだ予測しづらい悩みから、「怒ってしまったときはどう対処したらいいのかな？」というような、自分の中で解決が可能な悩みになります。そして、悩み方の立ち位置が変化し、支援者と一緒に「ぶりん」を眺めながら「怒り」について客観視できます。心理学では、「外在化」という心の動きを意味します（図5）。

それによって、「何について考えればよいか」という「悩みの対象」がはっきりし、感情コントロールにつながっていったのではないでしょうか。

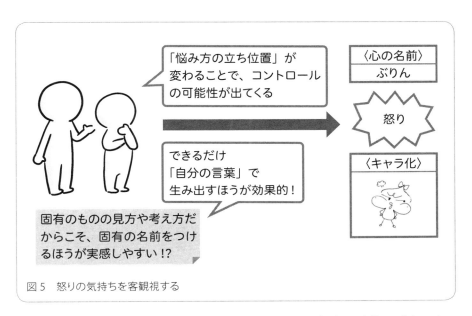

図5　怒りの気持ちを客観視する

　心の動きに名前をつけるときには、できるだけ自分の言葉で「生み出す」ことが効果的だと考えます。既製のものなど他者が考えた枠組みにはめ込もうとすると、「操作されている」と感じる生徒もいるので、生徒独自のものの見方や考え方には、独自の名前をつけるほうがしっくりくるし、自分のことだと実感しやすいように思います。

　また、困り感に向き合う動機づけにはユーモアが大切だと感じています。生徒独自の感性や興味関心のあることを生かした名前をつけたり、生徒自身が扱いやすい方法で表現したりできるように支援したいと考えています。

ステップ④　心の動きに段階や度合いを設ける

　ステップ④は、意識化しネーミングした心の動きに段階や度合いを考えていく作業を行いました。

　Hさんが怒りの感情をもっていそうなとき、「今日のぶりんはどれくらいの大きさですか？」「今日のぶりんはどんな感じですか？」などの質問

図6　怒りの状況をイラスト化

をして、感じている怒りの度合いに気がつけるようにしていきました。また、その怒りが何に対して、誰に対して向けられているかという方向をたずねることも意識しました。

　そのような問いかけを意図的に続けることで、「ぶりんの頭が噴火してスーパーぶりんになっている」「ぶりんを抑えようと箱に詰め込んだのに、小さなぶりんが隙間からポロポロこぼれてくる」など、怒りの大きさや状況をイラストや言葉で表現できるようになっていきました（図6）。

　このような取り組みを続けるなかで、当初は気づきにくかった（気づいても認めたがらなかった）怒りの感情やその度合いを言語化できるようになり、怒りを肯定的に捉えて積極的に話すようになりました。これをきっかけに、Hさんの悩みは「怒りの感情をもたないようにすること」「怒りの感情を消し去ること」から、「ぶりんが出てきたときの自分とのつきあい方」すなわち、「対処法を考えること」に変化していきました（図7）。

ステップ⑤　ほかの心の動きにもやり方を般化する

　ステップ⑤では、ステップ①からステップ④の方法を使って、ほかの心の動きも言語化していきました。

気づきにくかった（気づいても認めたがらなかった）怒りの意識化・言語化

怒りを肯定的に捉え積極的に話す

対処法を考えるきっかけに

図7　怒りの意識化とネーミングの効果

　生活の中のエピソードを整理しながら、日ごろとらわれがちな自分の感情や思考パターンを意識化し、協同作業でキャラクター作りを進めていきました。Hさんの特性をよく理解している保護者に協力してもらうことは効果的で、取り組みは一気に進んでいきました。

　Hさんは、いくつかの心の動きを言語化する過程で、混乱し固まってしまっていた心の状態に対処する方法を学び、一度自分で整理してみてから相談に来たり、困ったときだけ支援者に相談をもちかけたりするようになり、主体的に対処法を考えられるようになっていきました。

　その後は、自分の状態をイラストに描いて整理することが増えていき、的確に表現されたイラストは、Hさんが母親や主治医などの他者に自分の状態を理解してもらうための貴重なツールになっていきました。

　Hさんの「気持ちリスト」の一部を紹介します（図8）。

図8　Hさんの気持ちリスト

困り感	キャラクター	身につけたい対処法
「ねばならない」という思考パターンで自分を追い込んでしまう ひとつダメなら全部ダメと思ってしまう	ねばえもん 	参加するための、部分的な回避の練習 ・抵抗感の強い教科はとりあえず回避し、相談タイムに変更 ・保健室で仮眠し、楽になったらまた授業に参加
はっきりと意識化できないモヤモヤした気持ちにとらわれて悩み続けてしまう	モンモヤージュ 	あいまいなまま、その感情を置いておく練習 ・きっかけになった出来事について事実だけ支援者に伝え、悩みを棚上げし、あとで相談する
悲観的・被害的な思考に陥ってブラックモードになってしまう	ハッピーハニー 	肯定的で充実した気持ちを意識化する練習 ・日常生活の中での小さな幸せに目を向ける ・自分にとっての「当たり前」の価値を知る
やりたいこと・やりたい気持ちを譲れず、やり続けてしまう！ 分かっていてもやめられない！	ゆずれーぬ 	自分で切り替えられないときに支援者の提案を聞き体調に合わせて自己選択する練習 ・休憩の仕方やタイミングを提案してもらう ・達成しやすい目標の設定に協力してもらう

　1年後、高等部に進学したHさんは、「感情キャラクターを作ったことがよかった。引き出しを作ったから自分の気持ちが整理しやすくなった」と報告に来てくれました。

5. 経過

　Hさんが学校生活を送る中で目に見えて変化していったのは、怒りキャラ「ぶりん」が登場したときのやり過ごし方でした。1学期であれば、1時間くらいじっくり話を聞いて整理しても、1日中怒りにとらわれてしまい、数日間はその疲れで欠席してしまうことが多かったのです。

　しかし、10月ごろになると、「朝はぶりん度100%で音楽の授業に行けなかったけど、2限目にはぶりん度0%になって落ち着いて授業が受けられた」「あのときはぶりんになったけど、自分の中でぶりんを飛ばすことができた」など気持ちの立て直しがスムーズになっていきました。

　3学期に入ると自分の「しんどさ」を自覚できるようになり、自分から整理のための相談をもちかけてくることも増えました。

　このころには、整理の仕方を自分自身でできるようになってきて、学年末テストの勉強が思うようにできないために不安にとらわれたときには、

　①しんどさの自覚⇒
　②勉強してもダメだろうな⇒
　③振り返ってみても、しんどいときに勉強したら次の日にしんどくなって学校に行けなかったり頭痛がひどかったりしたことがあったな⇒
　④でも、しなきゃダメかな⇒
　⑤やめといたほうがいいんじゃない（母親のあと押し）⇒
　⑥やっぱり、やめておこう、

という思考の流れで「やらねばならない」という自分の気持ちと折り合いをつけたと話しに来てくれました。

　また、苦手意識の強かった英語の授業でも大きな変化がありました。最初は英文を見るだけで「私には無理！　英語なんて読めないもん」とすぐにぶりんになっていたけど、「分からない単語は先生が教えてくれる

よ。ひとりでは無理だけど教えてもらいながらだったらできるよ」と考えられるようになってきたと話してくれました。それとともに、自分の中で苦手と決めつけていた英語の授業が「ちょっと面白いかも」と思えるようになってきたそうです。

このようなHさんの発言から、彼女が考えるときの自分自身に問いかける言葉や語りかける言葉が少しずつ肯定的になっていったことがよく分かります。

6. 考察――提案は自己理解・自己表現の糸口

Hさんは、「自分の心はこのようなパターンで動く」「他者にこう働きかけると、こういう反応が返ってくる」というようなことが整理されておらず、何かを考えようとすると混乱してしまいがちでした。そのため、他者からの働きかけを「責められている」と誤解したり、自分の状態をうまく伝えるための言葉が見つからず、誤解されてしまったりすることも多かったようです。

Hさんは「『自分らしく』とか『自信をもって』と言われても、そもそも『自分』が分からない」「頭の中の歯車を火花が散るほどフル回転しても、相手のことが分からない」と話してくれたことがありました。だからこそ、「～かもしれない」というような教師が提案する「心の動きの予測」は、生徒たちが自己理解力や自己表現力をつけるための糸口として大切な役割をもつと考えています。

このような経験をとおして、Hさんは自己理解を進めていきました。「悩む時間が長くなるほどマイナス思考になりやすい」というパターンに気づき、早めの相談を心がけたり、「安心できる人がそばにいてくれたら不安なことにも挑戦できる」ということに気づいたりして、回避しがちだった活動に挑戦する姿も見られるようになりました。

言語化によって、「人」と「感情」「困り感」を切り離して悩みの対象

を明確化することは、自分の気持ちを整理する作業の抵抗感を軽減し、自分自身の助け方や守り方の具体的な作戦（対処法）を主体的に考える動機づけになったのではないかと考えます。

事例9

6年間のひきこもり生活を克服して進学したJ君

1. 子どもの実態と状況

　小学4年から学校に行きづらくなり、不登校になってしまったJ君。小学校低学年のときも学習に取り組むのに時間がかかり、夜どおし泣きながら宿題に取り組んでいました。中学校は地元の通常校に進学するも1日登校しただけで、その後は登校できていませんでした。私は、彼が中学1年のときからメンタルフレンド（親や学校の先生、カウンセラーとは違った立場から接することで子どもの心の支えとなる者）としてかかわってきました。かかわりが始まった当時は、家から出ることにも強い不安と緊張を抱え、ひきこもりの状態でした。

　保護者がメンタルクリニックに足を運び、医師に様子を説明したところ、「広汎性発達障害の可能性があるが、断定はできない」と言われた、とのこと。身体能力に問題はなく、不登校による学習の遅れがあったため、基礎的な学力の問題や常識的な言葉を知らないことはありましたが、日常会話には支障はありませんでした。中学1年当時は、ゲームに熱中するあまり生活リズムが乱れており、昼夜逆転の生活を送っていました。

　中学校の担任が訪問しても、先生に会うことすらしんどい状態でした。彼には対人恐怖の一面も見られ、家族以外の人とのかかわりにおいて緊張感、不安感が極端に高まってしまう状態でした。母親によると、食事やテレビの視聴など本人の必要に応じたタイミング以外では、一緒に過ごす時間も会話する時間もあまりとれていないとのことでした。

2. つまずき・行き詰まっていること

　①不登校・ひきこもり
　②低い自己肯定感、自己否定
　③対人関係への緊張感・不安感

④生活経験の不足とトラウマ
⑤心理社会的不適応

　J君は、認知的な偏りに起因する小学校での学習の行き詰まりと失敗経験から、自尊感情が低下し、生活に対しても「どうせやっても仕方ない」と消極的になってしまっている様子でした。失敗経験や長いひきこもり生活の中で、不安が高まり、他者とのコミュニケーションにも緊張を感じるようになったのではないでしょうか。
　「学校という響きも聞きたくない」「できないよ」「無理、無理」と生活全般に対して消極的になり、自分ではどうしていいのか分からない状態になっているJ君の行き詰まり感に対処するために、J君の学校の先生でもなく保護者やカウンセラーでもない「ちょっと年上の親戚のお兄さん」という立ち位置のメンタルフレンドとして、以下のような提案・交渉型アプローチによる支援を行いました。

3. 提案・交渉に至るまでのプロセス

ステップ①　関係性の構築

　家庭への初めての訪問時、顔を見せようとはせず、階段を上がってすぐの2階で母親と話をする私の声を聞いているようでした。メンタルフレンドってどんな人が来ているのだろう？という興味をもってくれていることを感じ、J君に直接話かけるのではなく、お母さんに話しかけながら興味のありそうなゲームの話をしてみました。
　すると、1階まで降りてきて顔を少し見せて、ゲームの話をすることができました。その日は少し話をして終わりましたが、「今度、今しているゲーム、見せてもいいなと思ったら見せてよ」と伝えると、彼はうなずきました。担任が家庭訪問をしても会えないことが多かったのですが、私が教師ではないことや同じ目線をもっていると感じてもらえたことで

抵抗なくかかわり始めることができ、ゲームを共通項としながら、関係を築いていくことができるのではないかと考えました。

以下、提案・交渉した結果の決め事もしくは支援側の対応を下線＿＿で、また、Ｊ君の変化した行動は下線〜〜で表記します。

　初回の訪問を終え、母親に連絡を入れたところ、普段はあまり話をしないＪ君が、「あの人は何をする人なの？」とたずねたということでした。母親が「気になるなら、今度聞いてみたら？」と伝えると、「また来るの？」と少し期待している様子だったということでした。

　２回目の訪問時、はじめは前回と同じように２階で過ごしており、１階には顔を出す様子はありませんでした。階段下の廊下での私と母親の会話を聞いているようだったので、話をしている中で、「今日はゲームを持ってきてるんで、やっていていいですか？」と言いました。すると、階段を降りてくる足音がして、「何のゲーム？」とＪ君がたずねてくれました。「〇〇っていうゲームだよ、知っている？」と伝えると「僕もやっている」とのことでした。

　私が「一緒にやる？」とたずねると、「んー、いいや」とあまりよい反応ではなかったので、「一緒じゃなくてもいいけど、１階のリビングでやっていてもいいかな？」と尋ねました。そのことに対しては「それはいい」ということでした。

　次に「分かった、ありがとう。近くで一緒にゲームしなくてもいいけれど、ボス倒したり、分からないときにＪ君に話しかけてもいい？」と言うと、Ｊ君は「いいけど、今どこ（ゲームの進度）なん？」と、話しかけることへの合意をしてくれたうえで、興味も示してくれました。

　その後、少しゲームについての会話をし、「隣同士じゃなくてもいいから、せっかくだし、隣の部屋でお互いゲームを進めるのはどうかな？何か気になって話をするとき、１階と２階だと苦労しない？」と提案しました。すると「それだったらいいよ」と、リビングとひとつなぎの隣

第２章　事例でわかる提案・交渉のプロセス　133

の部屋で別れてゲームをし、その日は部屋を行ったり来たりしながら話をすることもできました。

こうしてゲームを共通項にしながら、コミュニケーションをとるようになり、別々の部屋で過ごしていたのが、同じ部屋で向かい合わせになるなど、距離も縮めていけるようになってきました。

ステップ②　遊びと生活の幅を広げる

ゲームをとおしてコミュニケーションもとれるようになり、雑談もできるようになってきて3か月ほどが経ちました。少しJ君が退屈そうにしてきた様子を見て、もう少し別の過ごし方を提案してみてもよいのではないかと考え、ゲームをしながらJ君に提案をしてみました。

　　私「J君、ゲームのほかに何して遊んでいるの？」
　　J君「ゲーム以外は、寝るぐらいかな」
　　私「トランプとかやってみない？」
　　J君「いや！　無理」

と即答でした。その後いくつかの遊びを提案したものの、「いや、無理、おもしろくなさそう」という返答が続きました。

ちょうどそのとき一緒に行っていたのが車のゲームだったので、「ラジコンって知ってる？」とたずねると、「知ってるよ、でもいいや」とのこと。

　　私「でも、車のラジコンもあるよ？　このゲームも車だし、同じだね」
　　J君「あ、そうか」
　　私「リモコンで操作するのも一緒だし、やってみない？」
　　J君「うーん、1回見てみるけど、やるかはわからないよ」

その次の訪問時に、車のラジコンを持っていき「どう？　できそうかな？」とたずねると「んー」と悩んでいる様子だったので、「1回、僕がやってみるね」と実際に目の前でやって見せました。興味津々で見てい

たので、「やってみる？　嫌だったらすぐ終わっていいよ」と伝えると、「うん！」とリモコンを手にして取り組むことができました。

　ラジコンでの遊びはその一度だけで、長続きはしなかったのですが、その後、「夏休みに何か家の中でチャレンジしてみない？」と提案すると「何をするの？」と楽しみにしている様子で、「バカなことしようよ」と言うと、Ｊ君は「えー」と言いつつも、私が提案する「アイス1000本食べる」に対し、「1000本は無理！」と即答。「スイカ１玉を２人で食べるのは？」に対しては、「スイカならまし！」と答えました。一連のやりとりから遊びや生活の幅を広げていってみようという気持ちが出てきたことが感じられました。こういった提案と交渉を繰り返し、新たなことに一歩足を踏み出すことができたことで、さまざまなことにチャレンジする意欲と自信が芽生えてきたように思います。

ステップ③　気分がのったらラーメン屋へ行こう

　家の中での活動は、ゲームや会話、ＴＶのバラエティ番組を一緒に見る、食事をするなど、月に１～３回の訪問で提案と交渉を繰り返す中で、一緒にできるようになりました。しかし、家から外に出て何かをするということに対して、Ｊ君は「それは無理、無理」と答え続けていました。

　訪問から２年が経ち、Ｊ君も中学３年生を迎え進路を考えはじめた夏、再度外出してみようと提案することにしました。

　Ｊ君は外に出ることが苦手なのかと考えていましたが、実は母親と２人で夜の散歩をときどき行えていると教えてもらいました。そこで私は、「外に出て、何かをしたいという心のエネルギーが溜まってきたのではないか？」と仮説を立て、訪問時、ゲームをしながらＪ君に、「ここの近くにあるラーメン店知ってる？」とたずねてみました。

　　Ｊ君「知らない」
　　私「赤い提灯の店の前、通ったことない？　家から少し歩いたところ
　　　にあるお店」

　　　　Ｊ君「あー、夜歩いてるときに前を通るな、そういえば」
と知っている様子でした。「行ったことあるの？」と聞くと、入ったことはない様子でした。

　「そこのラーメン店に一緒に食べに行ってみない？」と提案してみました。すると、今まで外に出ることを誘うと、即答で「無理、無理」「ない、ない」と答えていたＪ君が、少し黙り込みました。その間に、私はその店のラーメンがとてもおいしいことを伝え、カップ麺では味わえない！と説明をしました。

　しばらくの間考えたあとで、「えー、無理、無理」とＪ君は少し笑いながら手を横に振りました。笑っていたのは意外でしたが、今までだと即答だったＪ君が、葛藤していると感じることができました。

　　　私「夜に外に出るのと、昼に外に出るのだったらどっちが嫌？」
　　　Ｊ君「昼のほうが嫌」
　理由は「知っている人に会ったら困る」からとのこと。
　　　私「ラーメン嫌いだっけ？」
　　　Ｊ君「大好き」
と、ピースサインまでして答えました。
　　　私「外に食べに行くことがダメなのかな？」
　　　Ｊ君「分からない」
　その店のラーメンの写真を見せると「おいしそう」と言うＪ君に、「企画を立ててみない？」と提案しました。「行くか行かないかは別にして、もしも行くならの作戦を考えてみない？」と伝えると、「考えるだけなら」と答えてくれました。

　そうして３週間後の訪問の際に、「企画書」と書いたプリントを持って行き、Ｊ君と企画名から考えていきました。「もしも気分がのったら、ラーメン店に行ってみて、おごってもらえたらおごってもらう」と決めました。Ｊ君と私が最終的に考えた案です。

　「もしも気分がのったら」という言葉を提案したのは、私でした。近く

のラーメン店とはいえ、家族以外の人との初めての外出、久しぶりの外食です。J君は3週間の間にラーメン店に行こうと誘われたことを自分なりに考えていたようで、企画書を見せたときから「おごってもらう、たぶん」と行く気半分、不安半分といった様子でした。そのため「当日、行けなくても大丈夫」というエスケープゾーンを設けておく必要があると考えました。

「もしもって何で？」と聞くJ君に、私は具体的な活動の流れを聞き返していきました。

　　私「もしも雨が降っていたらどうする？」
　　J君「濡れるのはちょっと……」
　　私「じゃあ、雨だったら延期する？」
　　J君「ちょっとなら大丈夫、大雨ならやめとく」

私はそのことを企画書に書き入れ、2人でそれを眺めながらさらに質問します。

　　私「テーブル席とカウンター席のどっちに座る？」
　　J君「テーブルのほうがいい」
　　私「テーブル席がなかったら帰る？　それとも我慢してカウンターにする？」

J君は、「そのときは、我慢する」と決めました。

　　私「注文は自分で言う？　それとも代わりに言おうか？」
　　J君「それはそのときに決める」
　　私「お金は誰が払う？」

J君は「おごってもらう」と決めました。

こうして、家を出るところから、会計までの一連の流れをひとつひとつ考えながら企画書に書き入れていきました。企画書をひととおり書き終え（図1）、「この企画書があればどうかな？」とたずねると、「行けそうな気がする」ということでした。

それからさらに2週間後の夕方に予定を決め、訪ねると、その企画書

企画書　　　　○月○日

もしも気分がのったら、ラーメン店に行ってみて、おごってもらえたらおごってもらう。

活動（やること）	対処方法（どうするのか）
ラーメン店までの行き方 →　歩いていく ・もしも雨がふっていたら	→ 大雨だったら中止！　すこしだけなら行ってみる。
お店についたら	
①ドアをあける	→ ドアは自分ではあけない。あとに入る。
②どこにすわるか決める	→ テーブル席があいていたらテーブル席にすわる。 　→テーブル席×ならカウンター席にガマンしてすわる。
③注文する ・中華そば大盛りかふつうのにする。お寿司や卵はその時に考える。	→ 注文は自分で言うか、かわりに言ってもらう。 　→そのときの気分で決める。 ※　メニュー表を指さしてもいい！ 店員さんに話しかけられたとき、キンチョウしたら目を合わせない。→目で「助けて」と合図する。
④水がなくなったら…	→ テーブルに水の入れものがあれば自分でする。 　→機械で入れないといけないときは、たのむ。
⑤ラーメンがきたら	もしも、あまり好きな味じゃないとき 　　→残してもいい。家でおにぎりを食べる。
⑥トイレに行きたいとき	→ 和式なら小便だけ、洋式ならできる。
⑦お金をはらう	→ おごってもらう！！！

①ラーメン店の外観写真

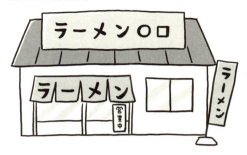

②ラーメン店のメニュー

③ラーメン店の店内写真

図1　ラーメン店に行くための企画書（2枚）

を持ったＪ君が、玄関で用意をしていました。企画書があることで、安心感がある様子で、実際に歩いて店の前に行ってからも自分で企画書を確認し、店内に入りました。店員が来たときには手が震えるほど緊張していたＪ君ですが、自分で「これ」と指さして注文をするぐらい、勇気を振り絞った行動を見せてくれました。帰り道の足どりは軽く、どこか自信と無事企画を達成できた安心感のある様子でした。

　企画書を協同して作成したことで、どのようなことが「ラーメン店に行く」「食べる」「帰ってくる」までに起こるのかという見通しをもつことができました。また、Ｊ君にとって不安であった「何か起こったらどうしたらよいのか分からない」ということを、話し合う中でひとつひとつ具体的に対処していけたことが、本人の不安を解きほぐし「よし、やってみよう」という勇気へとつながったのではないかと考えます。

ステップ④　ゲームを買いに行きたいのだけれど……
　ラーメン店に一緒に行った企画のあとから、昼間、親にも告げずに家の外に自分ひとりで出て散歩をしてみたり、家から少し歩いたところにあるコンビニまで行ってみたりと、一度外に出ることができたことで自信が生まれ、さらに外に出ることに対する期待感を膨らませている様子でした。

　そのことを母親から教えてもらっていた私は、訪問時に「最近また外に出たりしているの？」とたずねてみました。Ｊ君は「んー、少しだけ昼に出かけたよ」と言います。「どこへ行ったの？」と聞くと「コンビニとかに行ったけど、何もしなかった」と答えました。

　コンビニで何かやりたいことがあったのかをたずねると、「んー」と悩む様子をし、少し黙ったあとに「ゲーム……」と小さい声でつぶやきました。ここで、Ｊ君が悩んでいる様子を感じたため、何も書いていない紙を取り出し、「もしもの企画立ててみる？」と聞きました。するとＪ君は、「またか！」と言いつつもうれしそうな表情を示してくれました。

企画書を机に置き、私は、「もしかして、新しいゲームが欲しいの？」と、Ｊ君の「ゲーム」というつぶやきから想像して質問しました。するとＪ君は、「なんで分かったの？」とびっくりした様子で答えました。Ｊ君は、欲しいのはゲーム機本体に加え、新しく出るゲームソフトもということを教えてくれました。小学生のころにコンビニへ行った際にゲームソフトの絵が描かれたポスターを見ており、コンビニでゲームが買えると思っていましたが、実際に今行ってみるとどうしていいのか分からなかったということを話してくれました。

　そこで、企画書のタイトルはどうするかとたずねると、「『ゲームを買いに行きたい』にする」とＪ君は答えました。私はそのとおりに紙に書き、「教えてくれてありがとう。自分でやりたいことのために、外に出たりできたことはすばらしいことだから、一緒に買いに行けるように考えよう」と伝えました。Ｊ君は「うん、でもコンビニには本体は売っていないし無理かも」と言うので、ゲームはコンビニ以外でも買うことができ、家電量販店やゲームショップで買うことができると伝えました。そのことを聞いたＪ君は、「知っているけれど、どこにあるのか知らないし、歩いて行けるかも分からないから無理だ」と言いました。

「どうやって行くかをまず考えよう、自転車やバスに乗って行くのはどうかな？」と聞くと、バスも自転車も乗りたくないということでした。理由をたずねると「自転車は長距離乗る自信がない、バスは人が乗っていると嫌だ」ということでした。

　自分のことをよく考えていることを評価したうえで、次の選択肢を提案しました。

　　私「①片道歩いて30分ぐらいかかるけれど歩いて行く、②お母さんの車で店まで一緒に行く、どっちのほうがマシ？」

　　Ｊ君「お母さんが一緒なのは嫌だから、車よりも歩いてのほうがマシ」

と答えたので、距離があることを再度確認したうえで企画書に書き入れ

第２章　事例でわかる提案・交渉のプロセス

ました。

　ではどんなゲームを買うのかを具体的に話していると、「お金が足りているか分からない」ということだったので、確認してもらうと、コツコツと貯めてきていたお金だけでは少し足りないことが分かりました。
　　私「どうする？」
　　Ｊ君「もうダメだ」
　　私「お母さんに相談してみたら？」
　　Ｊ君「いやー、力にならない」
　　私「お母さんにお年玉とか預かってもらっていないの？　もしそうでなかったら、何かお手伝いをしておこずかいをもらえるか交渉してみたら？」
　　Ｊ君「なるほど。でもダメだったらどうしよう……」
　　私「自分で言ってみてダメだったら、一緒にお願いするから、まずはお年玉がないか聞いてみよう」
　するとＪ君は、黙って立ち上がり、2階にいる母親のもとに駆け上がっていきました。預かってもらっていたお年玉の中から使ってよいと言ってもらい、お金の問題は解決しました。
　次に、ゲーム店に着いたあとの話を切り出し、「今度は自分のお金だから、自分でお金を払ってみる？」と提案すると、
　　Ｊ君「たぶんできるけど、その日まで自分で考えておく」
　　私「分かった。もしその場で困ったときは、いつでも助けるからね」
と伝えると、うなずいてくれました。
　企画書に書いておくかどうか聞きましたが、Ｊ君が、企画書にはタイトルとどこにどうやって行くか、何を買うかと金額が分かるように書かれているのでもういらないと伝えてくれました。ラーメン店のような細かい段取りがなくとも、自分の中での見通しをもつことができたこと、さらに自分でお金を払うなどの次のステップにチャレンジしようという気持ちが生まれてきているのを感じました。

4. 考察――本人の興味関心を手がかりに解決策を見つける

　J君は、小学校時の失敗経験や不全感から不登校、ひきこもりになり、生活においても「自分には無理」とマイナス思考が続いている状態でした。ゲームや食べものという本人の「好き」なことを手がかりにしつつ、自分や家族だけではできないことを、メンタルフレンドという、上下関係でも友だちのような横並び関係でもない、「親戚のお兄さん」のような立場から提案・交渉を行うことで、J君自身が緊張をもつことなく活動を共にできたのではないかと思います。

　本人が納得できるように内容ややり方を相談すること（提案と交渉）をとおして整理したことで、安心感をもって少しずつ「できた」という経験を積んでいくことにつながったように思います。J君とのかかわりは6年間にも及びましたが、その中で企画を協同して立て、提案と交渉を行う中で、J君自身に「計画を立てていけば自分はいろいろなことにチャレンジできる」といった安心感や自尊感情が育まれていったと考えます。

　その結果、口学校卒業後に自身で進路を選択し、最終的には特別支援学校へ片道2時間近くかけバスと電車を乗り継いで通学できるようになりました。また学校内でも生徒会活動や人の前に立っての演説や発表にも積極的に挑戦していくほど心理的にも落ち着きも見せ、人に対する不安感もほぐれていきました。

　特別支援学校での学習とあわせ、受容的、共感的なやりとりを大切にした提案と交渉のプロセスを訪問時に続けて実施してきたことにより、調理や市内散策、外食やドライブなどさまざまなことを本人からやってみたいと言い、企画を立て、取り組んでいくことができ、生活経験の幅を広げることができたと考えます。

　不登校やひきこもりにより対人関係に不安の高かったJ君に対し、「先

生」や「支援者」といったかかわりではなく、ときには「人」と「人」の上下関係のない「人生の先輩」「ちょっと知り合いのお兄さん」という立ち位置からのかかわりが、緊張感と不安感の軽減につながったのではないかと考えています。

　かかわるこちら側が等身大の失敗談やエピソードなどを自己開示することで、「大人でも失敗するんだ」という失敗に対する抵抗感を和らげ、「この人になら話をしてみてもよいかな？」という安心感を与えるようにすることも大切だと考えます。

　発達障害からくる失敗経験やトラウマにより不適応状態になってしまったＪ君は、「どうしたらいいのか」と悩んだ結果、「どうせできないよ」と「仕方がないあきらめ」をしていました。その「仕方がないあきらめ」で抑圧してしまった「なんとかしたいという思い」を想像し、本人の「興味関心」を手がかりにした活動の枠組みとプロセスを提案し、納得できるよう交渉することが、自分なりの解決策を見いだすことにつながったのではないかと思っています。

第3章

提案・交渉を行う際のQ&A

子どもの思い

合意

大人の思い

提案・交渉

1. 提案・交渉のテーブルに着くことが困難な場合

Q1-1

困ったことがあるとパニックになってしまい、大声を出したり壁をたたいたりして教師の話を聞いてくれません。提案・交渉をしようとしても「うるさい！」と言われ、困ってしまいます。どうしたらよいでしょうか。

A

「提案・交渉」の前にまずクールダウン。クールダウンしたあとに「話しかけてもいいですか？」と聞いてから始めましょう。パニック中の介入は逆効果です。

〈エピソード〉

「クラブの合宿が嫌だ」と家で暴れている自閉症スペクトラム障害のNさん。お母さんから電話があり、すぐに家庭訪問しました。一緒に行った先生の「合宿に行きたくないのかい？」という言葉に、カッとなったNさんはコップをガシャーン！　危うく先生の大事なiPadに当たってしまうところでした。私たちは、Nさんが落ち着くまで1時間ほどその場で座って待ちました。

怒鳴り声もなくなってきたころ「Nさん、もう話しかけてもいいかな。私たちも1時間待ったしなあ……」と言うと、こくりとうなずくNさん。そこから提案・交渉の始まりです。パニックになっているときは、交渉のテーブルに着く準備はまだ整っていません。「話を聞こうかな」と、子どもが思えるまで、とにかく待ちましょう。

Q1-2

提案・交渉する以前に、「嫌だ」「やめる」「しない」の一点張りです。どうしたらよいのでしょうか。

A

課題を行うときに、やらない、参加しない、と拒否することがあります。そのようなときは、子どもが自分でも意識できないような不安をもっている場合が多いです。まずは子どもの言動や活動から、何につまずいているのか、何に不安があるのかを特定しましょう。

〈エピソード〉

社会見学に行かないと言い出した自閉症スペクトラム障害のＴ君。でもお母さんは、どうしても行ってほしいのです。「水族館だけ行けばいいでしょ！」「嫌だよ！」「どうしてよ！友だちと一緒だと楽しいでしょ！」「そもそも社会見学は、先生が勝手に決めたことでしょう！どうして僕が行かないといけないんだよ！」と泥仕合に……。

そこで担任は「社会見学の何が不安なのかな？」とＴ君にたずね、不安要因を特定し始めました。その結果、みんなで乗るバスが苦手だということが分かりました。Ｔ君は以前の学校でスクールバスに嫌な思い出があり、バスに乗ることが不安だったのです。

Ｔ君の成長に手応えを感じていた担任は、「社会見学に参加する」というところに譲らない線を定め、①電車で担任と行く、②公共の車で担任と行く、③お母さんに送ってもらう、という３つの選択肢を提案しました。悩むＴ君。「決めるのは君です。不安なら安心できるお守りのようなものを持っていくという方法もあります。それでもどうしても不安なら、やめるという方法もあります」と、担任は「その困り感を解決するのは君だ」という姿勢を崩しませんでした。

その結果、T君は、②の公共の車で行くということを選びました。行ってきたT君は「楽しかったよ、特に水族館で見たチンアナゴが……」と魚博士ぶりを発揮していました。

Q1-3

つらいことがあるとパニックになるばかりで、なかなか言葉で表してくれません。パニックにならずに困っていることを表現してくれるとよいのですが……。どうしたらよいでしょうか。

A

困っている自分の内面の状態を表現するようなイラストやキャラクター、「気持ちの温度計」などを用いましょう。自分から「怒り」や「不安な気持ち」を切り離し、客観視するために有効なツールとなります。そうすることで、自分の状態、怒りや不安の感情を認めやすくなるので、自分自身の怒りや不安などの感情を自分の外に取り出し（外在化する）、気持ちの整理をしていくこともできます。

第2章の事例7や事例8は、イラストやキャラクターを用いて提案・交渉していますので参考にしてください。

気持ちの温度計

Q1-4

「あいつが僕をにらんだからだ！」「あいつが先に僕をばかにしたからだ！」と、友だちを責めるようなことばかり言って解決になりません。どうしたらよいのでしょうか。

A

　被害者意識が強く、「あいつがにらんだ」「ばかにされた」などという子どもがいます。そして、なかなか交渉のテーブルに着けない場合があります。「そう思った」という本人の気持ちは否定せず、「君はそう思ったんだね」とまずは受け止めましょう。

　にらんだかどうかという事実よりも「にらまれて嫌だった、困った、と君は思ったんだね。では、そう思ったときにはどうすればよいか、一緒に考えよう」と、思いに対する対処法を提案・交渉してみてください。その中で、思いと事実の違いも整理していきましょう。

〈エピソード〉

　行為障害のあるR君。ADHDの気が散りやすい傾向が強く、小・中学校とトラブルが絶えませんでした。特別支援学校に入学しても相変わらず物を壊したり、友だちとトラブルを起こしたりしています。トラブルのあと、本人に話を聞くと、「あいつがにらんだんだよ！　俺をばかにしやがって!!」と言います。でも相手のU君に聞くと、「にらんでなんかないよ。目が合っただけだよ」と困惑しています。R君は、U君と本当は友だちになりたいのですが、うまくかかわれない自分にイライラしていました。

　そういう背景が分かっていた担任は、「なるほど、R君は、U君がにらんだ、そして自分のことをばかにしたと思ったんだね」と、R君が感

じたことをそのまま返しました。そこで「違うだろ、U君とは目が合っただけだろ」と返してしまうと、「先生は僕の言い分を否定してばかりだ！」というふうになってしまいます。

　そこで担任は、事実は置いておき、「では君がそう感じたとき、暴力に訴えないで解決できる方法を考えようよ、君が損をしないように」ともちかけました。「君が損をしないように」という言葉も、受容されていることを感じとってもらえるキーワードとなったようで、効果的でした。

2. 自己選択・自己決定したにもかかわらず投げ出してしまう場合

Q2-1 本人が「できる」と言って選んだのに、結局、途中で投げ出してしまいます。どうしたらよいでしょうか。

A1 本人は支援者の期待に応えようと、過剰適応しようとはしていませんか。発達障害のある子どもたちは物事を「する（しなければならない）」「しない（できない）」の二者択一的に判断してしまいがちになります。また、不適応を起こしてしまっていると、心のどこかにこの状況を何とか脱したいという思いを抱えている場合が多く、支援者のかかわりに対して期待に応えようと、その場ではよりよい答えを選ぼうとしてしまうことも少なくありません。

提案・交渉型アプローチを進めていくうえでは、まず、本人が背負っている「うまくやりきらなければならない」といった自分を追い込む気持ちを、支援者と一緒に外す作業から始めてみることが大切です。「焦らずできるところからやってみればいいんだな」という感覚を本人と共有できるとよいですね。

〈よくありがちな例〉
提案・交渉型アプローチを試みた結果……
　生徒「明日からは毎日学校へ来ます！」「頑張ります！」「大丈夫！できます！」
　教師「よかった」「やってみようって思えたんだな」
　1日目：生徒「学校へちゃんと来られました」

教師「すごい、よく頑張ったね」
　２日目：生徒はきちんと学校へ来ている。
　３日目：……教師「あれ？　N君は？」　　生徒に電話。
　　　生徒「体調が悪いので、遅れて行きます」
　　　教師「毎日、頑張って来るって、自分で決めたんじゃないの？」
　　　生徒「それはそうなんですけど…」「やっぱり僕には無理なんです！」

〈提案・交渉を行った例〉
　提案・交渉型アプローチの中で、過剰適応しようとする選択肢を外していく。
　　生徒「明日からは毎日学校へ来ます！」
　　教師「毎日学校へ来よう！っていう気持ちがあるんだね。そんなふうに思えるって、とってもすごいなぁ。でも、本当に大丈夫？明日の朝になっても、同じ気持ちで頑張れそうかな？」
　　生徒「……大丈夫です。」
　　教師「じゃあ、3日後、1週間後はどう？　同じ気持ちで続けられそう？」
　　生徒「……大丈夫……だけど、ちょっと不安もあるかな……」
　　教師「……じゃあ、まず、何日間続けて学校へ来るか、目標を立ててみる？」
　　生徒「……うん、じゃあまず1週間、頑張ってみる！」
　　教師「1週間も⁉　すごいこと考えるなぁ……3日間とかでもいいんだよ」
　　生徒「……それなら、今日が火曜日だから、金曜日まで頑張ってみようかな」

A2

　本人が「選んだ」ことに教師が安心し、その選択の実行を本人任せにしてしまっていませんか。提案・交渉型アプローチは

「自分ではどうにもできない」と感じ、身動きがとれなくなってしまっている相手に対して、まずは、どこからなら一歩を踏み出せるのか、本人と二人三脚で探し出していくアプローチです。そのため、提案する側にも、本人が選んだ答えを最後まで支えようとする姿勢が大切です。

　本人に「やってみよう」ということを求めた以上、求めた側にも責任があります。提案を行う際には、本人が「〇〇をやってみよう」と思うのであれば、そのために「私は□□を頑張るよ」といった互いの目標を決め、責任をシェアするような姿勢を大切にしたいものです。

〈よくありがちな例〉
つい友だちに対して、暴言を放ってしまう生徒
教師「言い過ぎてしまうのを、自分でコントロールできそうかな」
生徒「うーん……ダメだというのは分かっているんだけれど、やっぱりそのときになるとカッとなってしまって……」
教師「なかなか、気持ちを抑えるのは難しいね。じゃあ、まずは、そういうことが起こってしまったあとに、先生と作戦会議をする時間をつくってみるのはどうかな？」
生徒「うん……だけど、きついことを言ってしまったら、みんなを嫌な気持ちにさせるし……」
教師「難しい？　できそう？」
生徒「何とか、やってみようかな……」
後日、再び暴言を放ってしまった生徒であるが、落ち着いてからも教師とは話ができず……。
教師「話をするって約束したじゃないか」
生徒「………………（怒られるかもしれないという不安と、自分自身への無力感）」

第3章　提案・交渉型アプローチを行う際のQ&A　153

〈提案・交渉を行った例〉（下線が提案・交渉）

つい友だちに対して、暴言を放ってしまう生徒

教師「言い過ぎてしまうのを、自分でコントロールできそうかな」

生徒「うーん……ダメだというのは分かっているんだけれど、やっぱりそのときになるとカッとなってしまって……」

教師「なかなか、気持ちを抑えるのは難しいね。じゃあ、まずは、そういうことが起こってしまったあとには、一度、自分の気持ちを振り返ってみることから始めてみる？」「やってしまった…と思って終わるんじゃなくて、今みたいに次に向けて先生と作戦会議をする時間をつくってみるのはどうかな？」

生徒「うん……だけど、きついことを言ってしまったらみんなを嫌な気持ちにさせるし……」

教師「確かに、そんなときって、不安だし、話をするのも勇気がいるよね……」
「それなら、これはどう？ 君が『しまった！』と思ったときに、勇気を出して先生に話すのを頑張る。それが君の目標。先生は君が話をしてくれたときには絶対に怒ったりせずに、君の話をじっくり聞く。これが先生の目標。君と先生で一緒に、君が言い過ぎてしまうのを何とかしてみよう」

生徒「それなら、やってみようかな。でも、無理なときもあるかもしれないよ？」

教師「できるところからで大丈夫。先生も頑張るよ」

Q2-2

気持ちを聞き取りながら選択肢をいろいろと提案したにもかかわらず、本人は「やっぱりしません」という答えを選ぼうとします。少しでも前向きに取り組んでほしいと思うのですが、認めてもいいものでしょうか。

A

　丁寧にやりとりをしたにもかかわらず、「しない」という選択をされたときには、支援者は少なからず焦りを感じてしまいます。

　ですが、問題と向き合うことなく、漠然と避けていただけの提案・交渉前と、思いを巡らし、整理をしたうえで自ら「しない」という選択をした提案・交渉後とでは、本人にとっては大きな違いがあります。自ら選んだ拒否であれば、行動面では足踏みをしているように見えても、次への準備段階として確かな意味をもちます。提案・交渉型アプローチでは「何が選べたか」ということももちろん大事なのですが、そこに至るプロセスを本人と共有するということにも大きなウェイトがあるのです。

〈遠足に行けない生徒の例〉
「しない」という選択に至るまで、生徒の中では……

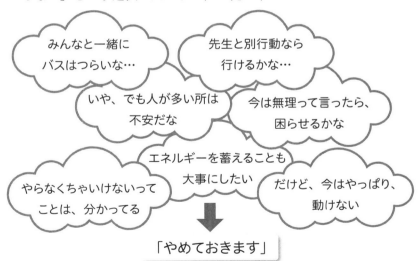

3. 教育活動に参加できない場合

Q3-1
運動会などの行事に参加できない子どもがいます。参加するように促しても拒否してしまい、提案・交渉になりません。どうしたらよいのでしょうか。

A
このような子どもたちには、何が活動の参加を阻害しているのか、特定してあげることが大切です。行事の構成要素のひとつひとつについて、「〇〇は大丈夫？」「〇〇は大丈夫？」と丁寧に聞き出しながら、子どもに分かりやすいように文字やイラストを使って視覚化してあげるとよいでしょう。気持ちの程度を表す「気持ちの温度計」なども有効です。

「どの部分が大丈夫で、僕がダメなのはこの部分だけなんだ」ということが分かると、子どもが自分でも意識できていない「参加への抵抗感」を和らげることができます。

〈エピソード〉
運動会のダンスの練習をする体育館にどうしても入れない自閉症スペクトラム障害のS君。昨年の様子を知っている先生から「去年はダンスの練習もやれたでしょ！　やりなさい！」と言われると、すぐに図書室に逃げてしまいました。「嫌だ、嫌だ……」とブツブツとつぶやき、外界をシャットダウンしているようです。そっと近づいた先生は、ちょっと離れた場所に座り、S君が少し落ち着くのを待ちました。

少し落ち着いたS君が、大好きな電車の本を見始めたとき、先生は、「体育館しんどかったんだなあ。何がしんどかったのかなあ……」とつ

ぶやき、紙に何やら書き始めました。独り言をつぶやくように「音楽かなあ、人が多いからかなあ、ダンス自体苦手なのかなあ……体育館が嫌なのかなあ、苦手な友だちがいたのかなあ……」と紙に書いている先生の様子をちょっとのぞき込むS君。

「何だろうなあ……」と紙を見ながらつぶやく先生。「体育館は○、人が多いのも大丈夫、音楽…×」と答えるS君。「ふーむ、君は音楽が苦手なんだなあ」と、先生はS君の言ったことを紙に書き足します。先生の手もとをじっと見るS君。「2つのダンスのどっちの音楽が苦手なのかなあ」とつぶやきながら曲名を書くと、2つ目に踊るダンスの曲が嫌だったことが分かりました。2つ目に踊るダンスの曲は音楽の授業で歌った曲であり、S君は「この曲は音楽の授業の曲、ダンスの曲ではない！」と思い込んでいたようでした。

提案・交渉の結果、S君は、1曲目のダンスを踊ったあとはCD係として2曲目のダンスの曲を流す役割を担い、運動会を無事に乗り切りました。

Q3-2

不安が高く、授業に参加することが困難な子どもと提案・交渉するときにいつも悩みます。教師として頑張ってほしいなあと思うこともあるし、楽なほうばかり選ばれていたら成長はないと思います。教師の価値観として「当然授業に出るものだろう」「みんなに合わせるべきだ」と思うこともあります。どうしたらよいのでしょうか。

A

支援者の価値観の押しつけにならないように気をつけましょう。もちろん支援者の意図はあるべきです。子どもの状態や不安の度合いを考えて、選択肢を設定します。はじめは子ども寄

りの選択肢でかまいません。様子を見ながら少しずつハードルを上げていきます。選択肢は、①あまり努力せずともできるもの、②少しの努力を要するもの、③努力を要するものなど3つくらいが妥当です。

〈エピソード〉
　広汎性発達障害のMさん。提案・交渉を繰り返して高等部を卒業しました。社会人になったMさんに聞いたことがあります。「あなたが困ったとき、私たちが選択肢を提案してきたこと、あなたにとってどうだった？」と。
　するとMさんは「よかったよ。だって自分では選択肢を考え出すことはできないから」。続けてMさんは言いました「私はするか、しないかしかなくて、その間が自分では考えられなかったから、間もあるんだなあと初めて思った」、そして、「先生から『ほかの人はその間を考えて対応したりしてるんだよ』って聞いて、『そうなんだ！　私はほかの人と違う考え方をするんだなあ』って初めて分かった」。
　卒業後の今だから、振り返ることができるMさんの言葉でした。ちなみに「選択肢はいくつくらいがよいと思う？」と聞くと「3個くらいかな。多すぎると選べないから、多くても4個まで」と教えてくれました。「自分と同じように、間が分からなくて苦しんでる人の役に立つなら」と語ってくれたMさんの姿が印象的でした。

4. 選択肢のメリット・デメリットを伝える効果

Q4 提案・交渉をしていて、いくつかの選択肢を提示しても、なかなか選ぶことができません。「う〜ん」と言って黙り込んでしまいます。「これがよいと思うよ」と勧めると、私の思惑のとおりに子どもを動かしてしまいそうだし、できれば自分で納得して選んでほしいと思うのですが……。

A 選択肢を提示するときは、それを選んだときに生じることの見通しやその選択肢のメリット、デメリットも同時に伝えましょう。そうすることで、その選択肢を選ぶ不安を軽減できます。

〈エピソード〉

好きな人ができた自閉症スペクトラム障害のOさん。いろいろな人にアドバイスをもらいましたが、それがまた人によって違うので、どうすればよいか混乱してきました。

A先生は「当たって砕けたらいいのよ！　好きと思ったら伝えなきゃ！」と言います。

B先生は、「まずは友だちから始めましょうでいいんじゃない？」。

C先生は、「じっくり作戦を立てて様子を見ながら確実性を取るかなあ」と言います。

そこでどうしたらよいか、OさんはC先生に相談しました。C先生はそれぞれの先生の作戦（選択肢）をメリットとデメリット、見通しとともに示しました。

- A先生方式

    メリット：すぐつきあえれば、ほかの人に先を越される危険性が一番低い。

    デメリット：うまくいく確実性が低い。

    見通し：断られると、その後は気まずいかも。自分の中に準備ができてない分、砕けたときのダメージは大きい。つきあえる確実性は低い。

- B先生方式

    メリット：友だちからなので嫌われることはない。

    デメリット：友だちのままで終わることもある。

    見通し：友だちとして見られると恋人に昇格するハードルが上がる。ダメでも、その後も友だちとして話はできる。つきあえる確実性は中くらい。

- C先生方式

    メリット：計画的にやるので、確実性は上がる。

    デメリット：いろいろな作戦を繰り出すので、かなり労力が必要。

    見通し：かなり労力と時間がかかるので、悩むことは増える。結果が出るのは先のことなので、宙ぶらりんの状態はしばらく続く。つきあえる確実性は上げていける。

しばらく考えたOさんは、「私は確実性がよいです。C先生方式でいきます」と答えました。そこでC先生は、Oさんと恋愛攻略について作戦を立てることになりました。

5. 提案・交渉する教師の心構え

Q5-1

提案・交渉するときに、どうしても「生徒はこうあるべきだ」とか「この子にはこうしてほしい」と自分の価値観にあてはめてしまいがちです。それはダメだと分かってはいるのですが……。

A

まずは、子どものことを「個人」として認めることが前提です。交渉するとき、立場は違っても対等・平等であることを常に忘れてはいけません。提案するときには、当然自分の価値観が反映されるでしょう。でも、それだけが正しいわけではありません。山の頂上はひとつでも、ルートはいくつもあります。提案するときは自分の価値観をいったん横に置いて、目の前の子どもの立場に立って考えてみてください。提案する選択肢の設定時のイニシアチブは教師が取りますが、決定権は子どもにあります。支援者の思いどおりに動かすための提案・交渉にしてはいけません。

Q5-2

提案・交渉をしていると、ほかの先生から「甘やかしている！」「子どもの言うことなんか聞いたらだめよ！」と言われます。どうしたらいいですか？

A

提案・交渉する教師の意図を説明し、自分の「譲れないライ

ン」を明確に示しましょう。ただし子どもの状態やその意図により、負荷の具合は使い分けます。教師の思惑を押しつける選択肢でなく、子どもの立場に立って選択肢を用意してあげてください。提案・交渉する場合は、「解決すべきは君だよ」という子どもと教師の「距離感」が大切です。

〈エピソード〉

歯科検診が「嫌だ」と訴えたアスペルガー症候群のYさん。「何が嫌なのか考えようか」と言っていると、「先生！ 早くしないと順番終わっちゃうでしょ」とほかの先生にやんわりせかされたりします。「そうですね〜。でもこのまま無理やり連れていってもドクターの前で口を開かないと思うので、きちんと診てもらうために作戦を立てますね」と私は答えるようにしています。

「○○のために」という意図をきちんとほかの先生に伝えて、単に子どもに迎合しているのではないよ、ということを伝えます。Yさんには「歯科検診はあなたの健康のために受けるべきだと私は考えます。そのためにどうしたら受けることができるか考えましょう」と伝えます。

結局、検診を拒否した理由は、みんなの前で口を開けるのが恥ずかしいということでした。そこで順番を最後にしてもらい、Yさんは無事に歯科検診を受けることができました。小学校時代はずっと検診を拒否してきたYさん。虫歯がいっぱい見つかってしまいました。

Q5-3

提案・交渉をしているのを見たほかの先生から「そんなふうに、ひとりひとりにやり方を変えてたら対応しきれないわよ！ 生徒全員、僕も私も変えてほしいって言ってきたらどうするの？ 収集がつかないでしょ！」と言われました。

A 提案・交渉型アプローチは、個人と個人が結ぶ契約、たとえるとするなら、個別に行うカウンセリングのようなものです。提案・交渉型アプローチの土台は、子どもの困り感に寄り添い、理解することにあります。子どもの気持ちに共感することなしには成立しません。常に共感的に子どもたちに接することは、教師の基本的な心構えです。このことにダメ出しするような人はいないと思います。だから大げさに構える必要はないのです。二次障害などを呈していて、必要性を感じる生徒に対しては、このアプローチをぜひ実施してください。

個別の支援ですから、生徒と教師とはいえ相性もあります。また、時間の制約もありますので優先度も検討すべきかもしれません。支援チームで理解し合い、協働して取り組みが進められたらいいですね。

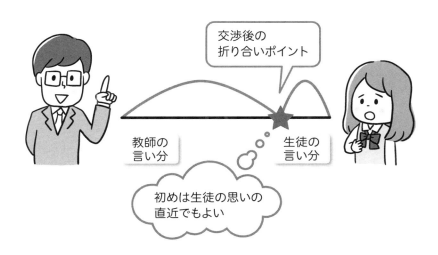

第3章 提案・交渉型アプローチを行う際のQ&A

おわりに

　私は、月に1度、発達障害のある子どもを育てている保護者の相談会「ホットルーム」を開催しています。心のうちにたまったものをはき出して重荷を下ろしたり、自分だけじゃないんだとホッとしたり、こうしたらうまくいくかもと熱い議論を交わしたり……。あっという間に、もう10年が経ちましたが、保護者のみなさんの強力なネットワークのおかげで、常連さんだけでなく新規の方も含め、毎回たくさんの方々の参加を得ています。

　先日、そんな保護者のひとりからお手紙をいただきました。この方の息子さんは、長い間不登校で家にひきこもっていたのですが、高等学校に進学してほぼ登校することもでき、今は就職して働いているそうです。「……当時、親としてつらい日々を送っていたときに、ホットルームに出会いました。『息子さんの周りにたくさん支えてくれそうな人をつくってあげて、みんなで盛り立てていくこと。息子さんの心の状態と相談して、提案と交渉をしてみる。息子さんが自分で選択と決定ができるといいね』と、先生がおっしゃったことを心に刻み、多くの人に支えてもらいました。支えてくれる人が増えていくと、安心感が生まれ、希望が見えてきました。家でもできるだけ提案・交渉を大切にしながら過ごしました。高等学校も、働くことも、全部自分で選択して決めたんです」

　ほかにもたくさんの保護者から、学校の先生方の提案・交渉型アプローチのおかげで「子どもが落ち着いた」「教室を飛び出さなくなった」「友だちへの攻撃的な行動が減った」「物を壊さなくなった」など、うれしい報告が次々に届いています。

　いじめや不適切な対応からトラウマを抱えてしまった子どもたちは、同じような状況に置かれるだけで、パニックになったり、情緒不安定になったりしてしまうのです。

そのような心の状態であるときに、不安を軽減してくれる人、きちんと自分の気持ちに寄り添ってくれる人、自分ができないとあきらめていたことをできるように手助けしてくれ、自信をもたせてくれる人との出会いは、大きな意味をもつのです。まさに、人生を変える出会いといっても過言ではないと思うのです。

　最後になりましたが、本書をまとめるにあたり、学研プラスの相原昌隆氏には大変お世話になりました。企画段階から、発達障害のある子どもの支援において、「叱らないが譲らない提案・交渉型アプローチ」の必要性について深くご理解いただき、執筆する過程で多大な励ましをいただきました。心よりお礼申し上げます。

武田鉄郎

【編著者プロフィール】

武田鉄郎（たけだ てつろう）

1957 年新潟県生まれ。1991 年に上越教育大学大学院障害児教育専攻終了。養護学校、小学校教諭、国立特殊教育総合研究所研究員を経て、和歌山大学大学院教育学研究科・教授・博士（学術）。専門分野は、病弱教育・障害児心理学。

●主な著書

『慢性疾患児の自己管理支援のための教育的対応に関する研究』（2006）大月書店

『障害児者の理解と教育・支援』共著（2008）金子書房

『特別支援教育に生かす病弱児の生理・病理・心理』分担（2011）ミネルヴァ書房

『発達障害が引き起こす不登校へのケアとサポート』共著（2011）学研プラス

『新しい自立活動の実践ハンドブック』共著（2011）全国心身障害児福祉財団

【分担執筆者・協力者一覧】（50 音順、所属は執筆当時）

赤松正敏　（和歌山県立みはま支援学校　教諭）
井上典子　（和歌山大学教育学部附属特別支援学校　教諭）
岡本亜祐　（和歌山県立たちばな支援学校　教諭）
小畑伸五　（和歌山大学教育学部附属特別支援学校　教諭）
北岡大輔　（和歌山大学教育学部附属特別支援学校　教諭）
武田陽子　（元新潟県公立学校　教諭）
中筋千晶　（和歌山大学教育学部附属特別支援学校　教諭）
中村知樹　（和歌山県立紀北支援学校　教諭）
橋爪巳希　（和歌山県立みはま支援学校　教諭）
畑 香織　（和歌山県立たちばな支援学校　教諭）
松本なお　（株式会社あみだ食品　代表取締役）

文　献

○坂井建雄・久光正（2011）『ぜんぶわかる脳の事典』 p124-125，成美堂出版
○Institute for Social Change（2016）Illustrating Equality VS Equity. http://interactioninstitute.org/illustrating-equality-vs-equity/（2017年6月7日閲覧）
○加藤司（2001）「コーピングの柔軟性と抑うつ傾向との関係」 心理学研究，第72号，57-63
○宮本信也（2008）「二次障害」『発達障害基本用語事典』 p31，金子書房
○野口京子（1996）「ヘルスカウンセリングの理論」 健康心理・教育学研究,Vol2（2）1-5
○スペクトラム出版社（ASEBA/CBCLについて）http://www.spectpub.com/cbcl.html（2017年6月14日閲覧）
○竹田一則（2013）「大学における障がいのある学生の復学支援について－文部科学省検討会（第一次まとめ）の概要と今後の課題説明資料」
○武田鉄郎（2013）「発達障害のある子どもの二次障害の予防と対処」 実践障害児教育,482,32-37
○武田鉄郎ほか（2012）「特別支援教育」 オーストラリア教育課題研修指導者海外派遣プログラム報告書，独立行政法人教員研修センター
○武田鉄郎（2014）「叱らないが、譲らない『提案・交渉型アプローチ』の効用」 実践障害児教育,491,10-13
○氏家達夫・高濱裕子（2011）『親子関係の生涯発達心理学』 風間書房
○上野一彦・篁倫子・海津亜希子（2008）『LDI-R LD判断のための調査票』 日本文化科学社

発達障害の子どもの「できる」を増やす
提案・交渉型アプローチ

2017年 9 月12日　第1刷発行
2023年 4 月28日　第9刷発行

編著者	武田鉄郎
発行人	土屋 徹
編集人	滝口勝弘
企画編集	相原昌隆
デザイン	妹尾浩也(iwor)
イラスト	成瀬 瞳
編集協力	中西美紀
発行所	株式会社Gakken
	〒141-8416　東京都品川区西五反田2-11-8
印刷所	大日本印刷株式会社
DTP	株式会社明昌堂

この本に関する各種お問い合わせ先
●本の内容については、下記サイトのお問い合わせフォームよりお願いします。
　https://www.corp-gakken.co.jp/contact/
●在庫については　Tel 03-6431-1250(販売部)
●不良品(落丁、乱丁)については　Tel 0570-000577
　学研業務センター
　〒354-0045　埼玉県入間郡三芳町上富279-1
●上記以外のお問い合わせは　Tel 0570-056-710(学研グループ総合案内)

©TetsurouTakeda 2017 Printed in Japan
本書の無断転載、複製、複写(コピー)、翻訳を禁じます。

本書を代行業者等の第三者に依頼してスキャンやデジタル化することは、たとえ個人や家庭内の利用であっても、著作権法上、認められておりません。

複写(コピー)をご希望の場合は、下記までご連絡ください。
日本複製権センター　https://jrrc.or.jp/　E-mail：jrrc_info@jrrc.or.jp
Ⓡ＜日本複製権センター委託出版物＞

学研グループの書籍・雑誌についての新刊情報・詳細情報は、下記をご覧ください。
学研出版サイト　https://hon.gakken.jp/
ヒューマンケアブックス等のサイト　https://www.gakken.jp/human-care/